This is Magritte

Patricia Allmer
Illustrations by Iker Spozio

图书在版编目（CIP）数据

这就是马格利特 /（英）帕特里夏·阿尔默著；
（意）伊克尔·斯珀齐奥绘；刘漪译. -- 北京：北京联
合出版公司, 2022.2
　　ISBN 978-7-5596-5715-2

Ⅰ. ①这… Ⅱ. ①帕… ②伊… ③刘… Ⅲ. ①马格里
特 (Magritte, Rene 1898-1967) — 人物研究 Ⅳ.
① K835.645.72

中国版本图书馆 CIP 数据核字 (2021) 第 223860 号

Text © 2016 Patricia Allmer. Patricia Allmer has asserted her right under the Copyright, Designs, and Patents Act 1988, to be identified as the Author of this Work.
Illustrations © 2016 Iker Spozio
Series editor: Catherine Ingram
Translation © 2022 Ginkgo (Shanghai) Book Co., Ltd

This book was produced in 2016 by Laurence King Publishing Ltd., London. This Translation is published by arrangement with Laurence King Publishing Ltd. for sale/distribution in The Mainland (part) of the People's Republic of China (excluding the territories of Hong Kong SAR, Macau SAR and Taiwan Province) only and not for export therefrom.
本书中文简体版权归属于银杏树下（上海）图书有限责任公司。
北京市版权局著作权合同登记　图字：01-2021-7090

这就是马格利特

著　　者：[英]帕特里夏·阿尔默
绘　　者：[意]伊克尔·斯珀齐奥
译　　者：刘　漪
出 品 人：赵红仕
选题策划：后浪出版公司
出版统筹：吴兴元
编辑统筹：蒋天飞
特约编辑：王隽妮
责任编辑：管　文
营销推广：ONEBOOK
装帧制造：墨白空间·王莹

北京联合出版公司出版
（北京市西城区德外大街 83 号楼 9 层　100088）
天津图文方嘉印刷有限公司印刷　新华书店经销
字数：80 千　720 毫米 × 1030 毫米　1/16　5 印张
2022 年 2 月第 1 版　2022 年 2 月第 1 次印刷
ISBN 978-7-5596-5715-2
定价：60.00 元

后浪出版咨询（北京）有限责任公司版权所有，侵权必究
投诉信箱：copyright@hinabook.com　fawu@hinabook.com
未经许可，不得以任何方式复制或者抄袭本书部分或全部内容
本书若有印、装质量问题，请与本公司联系调换，电话 010-64072833

这就是马格利特

［英］帕特里夏·阿尔默——著
［意］伊克尔·斯珀齐奥——绘
刘漪——译

解放者

勒内·马格利特，1947

布面油画
99.1厘米×78.7厘米
洛杉矶艺术博物馆
威廉·科普利赠送（52.31）

即使是从字面意义上说，勒内·马格利特的影响力也堪称"明星"级的——1989年发现的7933号小行星就以他的名字命名。他创造的烟斗、戴圆顶硬礼帽的男人、鸽子、光照奇特的白昼天空与笼罩在黑暗里的大地形成的对照、轻软蓬松的云朵、苹果等一系列形象都已经深入人心，成了我们集体潜意识的一部分。这些形象被广泛运用于广告中，也在各类商标和营销符号里一再出现。可以说，在所有艺术家的作品中，勒内·马格利特所创造的形象是最容易在当代流行文化中被即时辨认出来的。

是什么让马格利特得以将流行文化和艺术这两个领域联系到一起呢？解答该谜题的一个关键，就是他的作品所唤起的神秘之感。对于马格利特来说，神秘感位于存在本身的核心。他去世前不久曾说道："存在一种属于遥远的异国，或是大海深处的神秘——陌生之物的神秘。同时，也存在一种熟稔之物的神秘。"

马格利特的作品让熟稔之物变得神秘，他将其扭曲、翻转，直到最后它彻底变成了另一种东西。他持续地使自己的意象变形，生产出貌似无穷无尽的视觉景象及其重构，它们既关乎艺术家也关乎艺术。在1947年的一幅题为《解放者》(*The Liberator*)的自画像中，马格利特将自己设置成了这种神秘之物的大祭司。这幅画的蓝本也选取得恰到好处，那是一幅照片，捕捉了艺术家在动笔绘画前摆放画布的那个瞬间。

开端

　　被神秘所笼罩的不仅是马格利特的作品，他的大部分生平也同样显得扑朔迷离。他关于自己生活的回忆经常会滑入奇谭的领域，模糊真实和想象的关系，并由此生发出对何为真实、何为虚幻的不确定感。于是，马格利特其人变成了一个"人物"——一个流动的自我，它不停地颠覆任何一种关于"这个人究竟是谁"的定义性理解。

　　我们可以确定的是，勒内-弗朗索瓦-吉兰·马格利特于1898年11月21日出生于莱西纳的车站街10号。莱西纳是位于比利时南部埃诺省的一个小城，这个省属于讲法语的瓦隆大区。马格利特的父亲利奥波德（Léopold）和母亲雷吉娜·贝尔坦尚（Régina Bertinchamps）都来自历史悠久的本地家族。鉴于他们1898年3月2日才结婚，所以他们一定在蜜月里就怀上了勒内。他们的结婚证书上写着，利奥波德的职业是"旅行推销员"，而雷吉娜则是个女帽裁缝。在马格利特童年这段时间里，他的父亲换过好几个雇主，售卖的产品都是些缺乏魅力的实用货，像是食用油和高汤块一类。他们搬家也很频繁：马格利特的两个弟弟都出生在位于小城吉利（Gilly）的新家，雷蒙德于1900年出生，保罗则于1902年来到。后来雷蒙德成了一个成功的商人，和家庭几乎断了联系，而保罗则终生与他的长兄保持着亲密的关系。保罗年轻时因为在穿衣打扮上的精致品味，得了个

"侯爵"的外号，长大后他成了一名音乐家，并与勒内和他的艺术家朋友们合作完成了一些艺术项目。他甚至还在1927年到1930年搬来巴黎和马格利特一起住，回到比利时之后，两兄弟便成立了广告公司Studio Dongo。

1904年，这个年轻的家庭搬到了桑布尔河畔的小城夏特莱（Châtelet），他们在那里住了将近十年。1910年，12岁的马格利特开始上绘画课。到了1911年，他们全家又搬进了格瓦勒街95号一所更大的房子里。这座房屋是按着他父亲的特别要求建造的，其正立面采用了当时盛行的新艺术风格装饰。

在外人看来，马格利特一家似乎是个正常、幸福、富足的中产阶级家庭，正享受着比利时战前的社会财富和上升机遇。然而，就在他们搬进新家一年后，情况开始急转直下。

保罗、雷蒙德和勒内·马格利特，

约1905

马格利特博物馆，布鲁塞尔

　　马格利特的母亲有抑郁病史，曾经试图自杀。她的丈夫每天晚上都将她锁在卧室里，然而1912年2月24日凌晨时分她还是设法逃脱了。她从家附近的一座桥上跳下，遗体直到19天后才被发现。

　　马格利特很少提及他母亲的死，但这个事件似乎始终萦绕在他的画作之间。她是那些戴着面纱的和缺失的脸，是漂浮着的裸体女性形象，她们总是背对观者。

> 昨天早晨,那个失踪女人的尸体被人从桑布尔河里捞出来了,就在阿格罗梅里矿渣堆后面那儿。
> ——《沙勒罗瓦城纪事》,1912年3月13日

> 我们得到报案,住在夏特莱市格瓦勒街95号的雷吉娜·贝坦尚,或称马格利特夫人失踪了。人们最后一次见到她是在星期六凌晨4:30。年龄:40岁;身高:1.62米;身材颇为结实;头发和眉毛均为黑色;身穿红色和白色条纹的晨衣,白色棉布睡袍,脖颈处有蕾丝花边,黑色羊毛长袜,手上戴着金质结婚戒指,内圈刻着2-9-98字样。
> ——《沙勒罗瓦城纪事》,1912年2月24日

石之迷恋

马格利特最重要的童年记忆之一，就是他在苏瓦尼（Soignies）的公墓里的一系列奇遇。他的母亲死后几个月，父亲将他送到了苏瓦尼，与祖母和几个姑姑同住。在他1938年所做的一场题为《生命线》(La ligne de vie，或 Lifeline)的演说中，他回忆道：

我当时很喜欢和一个小姑娘一起在那个乡下小城古老的废弃公墓里玩耍。我们在地下的墓穴之间游荡，我们能够抬起墓穴沉重的铁门，于是就从里面重新爬回到地面，看见了一个从首都来的艺术家在公墓的一条廊道里画的画，画中落叶飘覆散落在一根根断裂的石柱之上，分外优美动人。对当时的我来说，绘画艺术似乎蕴藏了无尽的魔力，而画家则是些被赐予了更高神力的人。

马格利特的这些墓地密约似乎开启了他对"石头"和"石化"的终身兴趣。这表现在他作品中频繁出现的墓碑和棺木，以及他使用浮雕式灰色画法（grisaille）创作的作品中，这是种只使用灰色一个颜色作画的手法，其目的是模仿石雕的质感。马格利特直到他一生中很晚的时候，约20世纪40和50年代时才开始大量使用浮雕式灰色画法。传统浮雕式灰色画法的要义，是模拟用浮雕将画中场景刻在墙上的效果，但马格利特使用这种画法，却是为了将我们日常生活中熟悉的人和事物呈现得好像被石化了一般。在这些画作中，他试探了绘画和雕塑的边界，但其背后暗含的意思也完全可能是：这些东西变成了石头，因为它们都是回忆。

马格利特家的孩子们是被家庭女教师带大的。这些女教师大多被他们吓走了，直到让娜·费尔代恩（Jeanne Verdeyen）带着她的儿子出现。她先是当上了这个家庭的女管家，之后又成了利奥波德的事实婚姻妻子。1913年，一家人搬到了附近的沙勒罗瓦（Charleroi），为了方便马格利特上中学。和许多十几岁的孩子一样，同时或许是因为他母亲的死，他的学习成绩很糟糕，只有在绘画课上能拿高分。1914年8月4日德国开始入侵之后，马格利特就没有再去上学了。同年11月，全家回到了他们在夏特莱的家。又过了一年，马格利特住进了布鲁塞尔的一家寄宿公寓。对于那段时间里他在做什么，我们知之甚少——在布鲁塞尔的人口登记簿上，他被登记为"制图员"。马格利特本人也没透露出多少关于那段日子的信息："在1914年到1918年的那场大战期间，我进入了布鲁塞尔的学院读书。我在那里待了两年。当时我一个人住在一所非常自由散漫的寄宿公寓里，很少去上课。"而记录却显示，他实际上是1916年被皇家美术学院（the Académie Royale des Beaux-Arts）录取的。

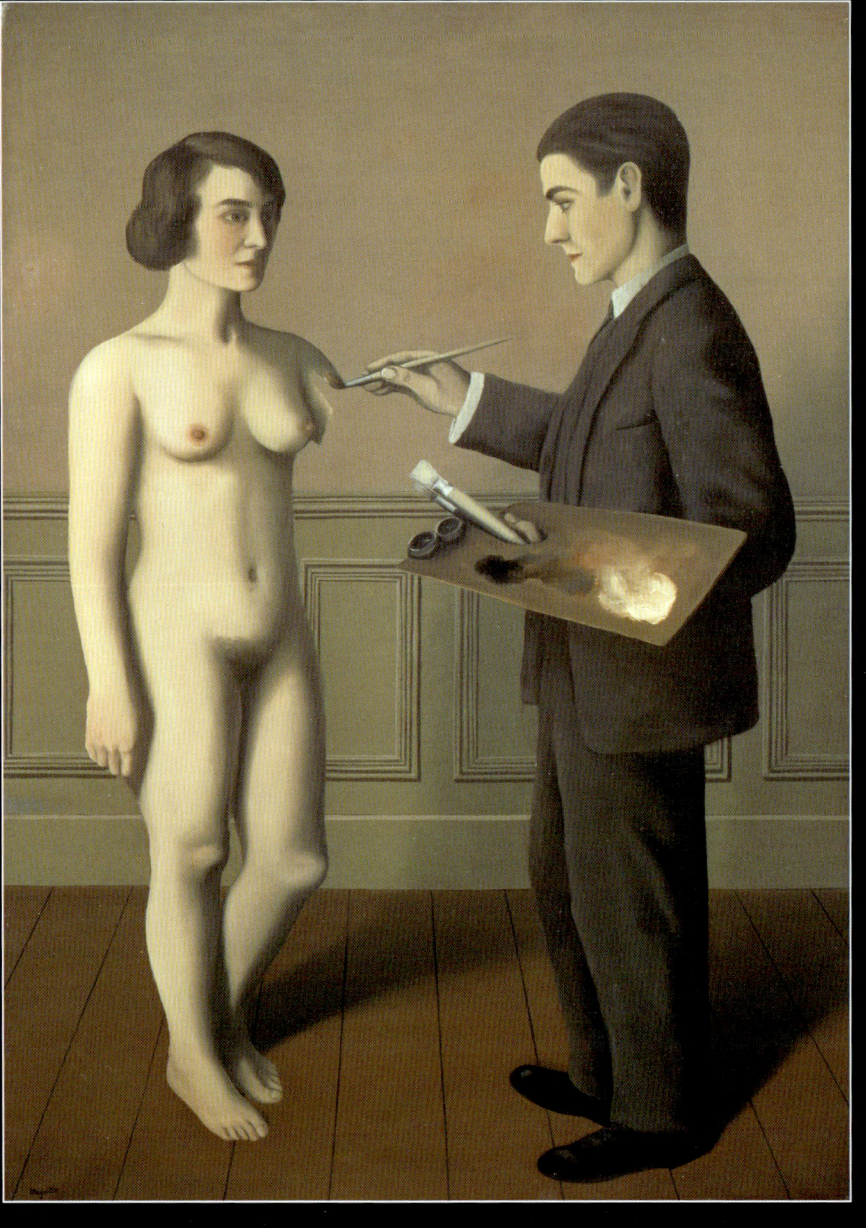

尝试不可能之物

勒内·马格利特，1928

布面油画

116厘米×81厘米

伊西·布拉绍画廊，布鲁塞尔

肉店老板的女儿

1913年，在沙勒罗瓦的一个集市上，当时未满15岁的马格利特遇见了一个12岁的女孩，她的脸周围环绕着乱蓬蓬的黑色卷发。她的名字是若尔热特-玛丽-弗洛朗斯·贝尔热（Georgette-Marie-Florence Berger）。她也住在沙勒罗瓦，父亲是个肉店老板。若尔热特回忆道："在城市北边的广场上，有一个封闭式的旋转木马。——来坐木马吧，一个非常年轻的小伙子对我说。从那以后，我和勒内几乎每天都在去各自学校的路上遇见。1914年的战争开始了……勒内搬去了布鲁塞尔，我们就失去了联系。"直到1920年的1月他们两个才再次相见。据若尔热特说，那是一次幸运的偶遇，她和她的姐姐在1919年10月刚刚搬到首都居住。"当时是1920年春天的一个午后，我和姐姐正在植物园里散步，突然'撞见'了勒内。我们都兴奋地叫出了声……"若尔热特成了勒内的模特和灵感来源，之后，又在1922年做了他的妻子。

尽管马格利特也画过其他一些模特，但只有若尔热特是他作品中反复出现的主角：他经常将她的脸或身体的各个不同部位单独置于画框里，像是要将她在艺术中长久保存起来一样。这对夫妇没有生育后代，因为若尔热特曾经流产过一次，他们担心再次怀孕会对她的身体不利。

马格利特在《尝试不可能之物》（Attempting the Impossible）中也描绘了他的终身合作伙伴若尔热特的形象。这幅作品是对奥维德关于皮格马利翁（Pygmalion）的神话叙事的重新演绎。皮格马利翁爱上了他自己雕塑出来的美丽女人的石像，女神阿芙洛狄忒应允了他的祈求，将雕像变成了活生生的人。而在马格利特的画作中，模特和画家两个人似乎都被石化了，被冻结在了"成为活人"和"成为石像"中间的临界状态。

关于皮格马利翁神话这个题材存在一个长久的绘画传统，众多19世纪画家，如让-莱昂·热罗姆（Jean-Léon Gérôme）和爱德华·伯恩-琼斯（Edward Burne-Jones）都曾以此为题创作过，而马格利特的画作也是对这个传统的延续。然而，其他画家大多将重点放在雕像获得生命上，刻画石像的表面幻化为人类皮肤的过程，而马格利特则将石像呈现为不完整的、碎片化的。他的画作探讨了"捕捉所爱之人"的不可能，也强调了"现实"与"对现实的再现"之间存在着不可逾越的鸿沟。

电影

马格利特年轻时是个狂热的电影爱好者，他画作中一个反复出现的主题就是电影即将开场时被升起，或被拉开的厚重的红色帷幕。

他尤其喜欢路易斯·菲拉德（Louis Feuillade）的《方托马斯》（*Fantômas*）系列电影，里面的场景也经常出现在他的画作中。这系列法国罪案默片中的第一部于1913年上映（当时马格利特14岁），在当时极受欢迎，方托马斯的饰演者勒内·纳瓦尔（René Navarre）一夜之间成了大明星。这些电影改编自马塞尔·阿兰（Marcel Allain）和皮埃尔·苏韦斯特（Pierre Souvestre）创作的系列小说，马格利特充满热忱地阅读它们，也阅读了大量的其他通俗罪案小说，包括美国私家侦探尼克·卡特（Nick Carter）系列。欧洲各地的许多先锋艺术家都和马格利特一样痴迷《方托马斯》系列，如胡安·格里斯（Juan Gris）、马克斯·雅各布（Max Jacob）和罗伯特·德斯诺斯（Robert Desnos）。马格利特强烈地认同其中的犯罪大师方托马斯。这位恐惧之主（Lord of Terror，方托马斯的别称）会用巧妙的伪装欺骗他的受害者，他被侦探朱夫（Juve）追踪，但方托马斯总能在朱夫自以为抓到他了的那一刻逃脱。这也是马格利特本人在一篇对方托马斯情节的概述中所采用的叙事，在电影上映十余年之后，他的这篇以《方托马斯札记》为题的文章被收录在保罗·努杰（Paul Nougé）的超现实主义杂志《距离》（*Distances*）1928年3月刊中：

突然爆炸。朱夫已经追踪了方托马斯很长一段时间，他蹑手蹑脚地走过一条神秘长廊上破碎的瓦砾。他的手指沿着墙摸索着，突然，一阵强烈的暖风扑在他脸上。他走近了几步……他的眼睛慢慢适应了黑暗。在他前方几米处，朱夫看见一扇用板条松散地钉起来的门。他脱下外套，将它缠在左臂上，然后取下了左轮手枪的安全帽。他一冲开门，就发现自己这些预防措施全都毫无必要：他面前躺着的正是熟睡的方托马斯。朱夫飞快地将他的睡袋结结实实捆了起来。方托马斯还没有从梦境中醒来，或许他正梦见自己采取伪装，他的梦通常都是关于这个的。朱夫心花怒放，不禁自言自语地说了些什么，这惊醒了他的俘虏。方托马斯刚一醒来，就从朱夫的手底下消失了。朱夫又一次失败了。但他还有一种办法能够成功达成目的：他必须进入方托马斯的一个梦——他要试图成为其中的一个角色。

造访电影院，是第一次世界大战期间布鲁塞尔最流行的消遣之一。每部影片在上映前都要经过德国审查人员的评估，协约国一方的电影很少能够通过，但1915年5月中旬之前提交审查的影片仍然可被接受。于是，《方托马斯》系列电影能够经常上映，甚至电影院偶尔还会放查理·卓别林的片子。因为缺少燃料，马格利特就读的学院在1918年被迫关闭了几个月，因此他很可能在这段时间里频繁光顾电影院。

艺术的试炼

1916年，正值"一战"布鲁塞尔被德军占领期间，马格利特进入比利时皇家美术学院学习。他的父亲和弟弟们也一同搬到了布鲁塞尔，全家人再次住到了一起。1917年他们曾短暂地搬到夏特莱，但很快就又回了布鲁塞尔，租下一幢三层的大排屋，马格利特住在顶楼。这幢排屋同时也用作利奥波德的新生意——生产高汤块的场地。马格利特在学院里交到的新朋友之一夏尔·亚历山大（Charles Alexander）叙述过自己拜访马格利特家的一次经历，这揭示了很大一部分他家庭关系的动态。

全家人坐在桌旁，马格利特向我介绍："这是我的兄弟小保罗，他是个弱智，因为他不在乎任何人。雷蒙德的弱智程度比他更甚。这是我爸，这是我爸的情妇"，他说着，手指指着女管家（我完全不知道这是不是真的），"然后，这是他的私生子。"这时他父亲狂怒地跳了起来，对他大叫道："蠢货，混蛋……竟然这样侮辱你自己的家人！"

这家人的频繁搬家反映了德国占领之下比利时人的困难处境，但同时也说明马格利特家有足够的经济条件在不同城市之间迁移，且住的都是大型房产。利奥波德的高汤块生意肯定部分缓解了战时的食物短缺，很可能也是借助他的人脉，马格利特才在这么不景气的时代找到了一个做海报设计的商业职位。

由于战争和审查，当时他们接触大型收藏和艺术品的渠道非常受限，或许就是因为这个，马格利特才转而从出版商的广告册子、照片和明信片，以及所有种类的艺术品的复制物中汲取灵感。战争一结束，这些材料就因战后重建机会促成的文化交流而获得了一种国际色彩，然而人们得以接触到真正的国际艺术就要晚得多了。

然而，即使在原作变得更易得之后，马格利特仍然保持着对复制品的兴趣。终其一生，马格利特都始终关注复制品的地位问题，以及更广泛意义上的，关于复制品和原作关系的哲学问题。复制品与原作在大小、维度、风格、色调等方面的显著区别，必然严重地影响了马格利特关于何谓艺术（特别是何谓现代的、国际的艺术）的感知。这也能解释马格利特所使用的颜色范围为何如此异样——它来自黑白分明的报纸和其他单色复制品，甚至来自广告所使用的俗艳浓重的色彩。

有深远影响的友谊

马格利特第一次接触到真正的现代艺术运动，即未来主义，就是通过复制品——这是一本展览目录，可能是他的新朋友皮埃尔·布儒瓦（Pierre Bourgeois）送给他的。1919年时，马格利特正和皮埃尔-路易·弗卢凯（Pierre-Louis Flouquet）共用一间工作室，并和维克托·布儒瓦与皮埃尔·布儒瓦两兄弟成了朋友。他们三个人都将和马格利特一起，在接下来的十年里成为布鲁塞尔先锋艺术生活的中心人物。弗卢凯是个画家，而维克托是个正崭露头角的建筑师，他的兄弟皮埃尔则是个诗人和作家。布儒瓦兄弟将马格利特吸纳进了他们创办的现代艺术和建筑评论刊物《开车》（*Au Volant*）的编委会。杂志的创刊号于1919年1月发行。同年12月，维克托和年轻的比利时作家爱梅·德克莱尔（Aimé Declercq）共同开设了布鲁塞尔的艺术中心，并在开幕展览中展出了马格利特的海报设计作品。

马格利特生活中的另一个关键人物是年轻的音乐家E.L.T.梅森斯（E.L.T. Mesens）。两人在1920年1月相遇。马格利特后来是这样描述梅森斯的："［他］留着胡须，给［我的弟弟］保罗上钢琴课……那时梅森斯看待什么都特别严肃，父亲通过跟他开无伤大雅的玩笑，教会他世界上存在幽默这种东西，而这个年轻的音乐家总是对这些玩笑大为光火。"马格利特和梅森斯一起联系上了意大利的未来主义者,这些人的目标是背弃那些属于过去的、他们认为值得欣赏的艺术。马格利特甚至还短暂地画过一段时间未来主义风格的画作,但这些作品没有一件留下来。在1967年,他去世前不久曾回忆道:"用这种风格创作很让人愉悦,[但是]我没有保存任何东西;关于我的未来主义实验,什么痕迹都没留下。"马格利特和梅森斯不久就脱离了这场运动。

巴黎的浮华魅力和艺术上兴高采烈的情绪当时正在比利时蔚然成风,保罗-古斯塔夫·凡·埃克(Paul-Gustave Van Hecke)开在布鲁塞尔的酒吧成了艺术家、作家和文化界人物的一个忙碌的据点,常客包括后来与马格利特和梅森斯交往密切的构成派(Constructivist)画家团体"7艺术"(7 Arts group)。"7艺术"的成员都是坚定的都市主义者,他们创办的评论刊物《7艺术》重点关注机械和工业化的美学,其主创包括布儒瓦兄弟、弗卢凯和卡雷尔·马埃斯(Karel Maes)。

梅森斯和马格利特后来的事业方向一直相互交织,尽管两人的关系中也有些矛盾。梅森斯为马格利特的作品创造了展示的机会,而马格利特的画作在梅森斯最终建立起作为一名成功的艺术品商人和画廊老板的职业生涯中扮演了举足轻重的角色。马格利特的早期作品正是梅森斯在时代画廊(Galerie L'Epoque)做艺术指导期间得到展出的;梅森斯还是1929年那期《多样》(*Variétés*)特刊的编辑,这个刊物是布鲁塞尔和法国两地的超现实主义者最重要的合作成果之一。他在1931年成了马格利特的艺术经销商,在将马格利特的作品介绍给英国受众中居功至伟。

"7艺术"团体在马格利特家厨房里,1922

(自左侧起顺时针方向:勒内·马格利特,E.L.T.梅森斯,维克托·塞尔夫朗克,皮埃尔-路易·弗卢凯,皮埃尔·布儒瓦,亨丽埃特·弗卢凯,皮埃尔·布罗德科伦斯及若尔热特·马格利特)

马格利特博物馆,布鲁塞尔

风格多变的马格利特

马格利特的创作风格经历了几个不同阶段的变化。1920年，他刚开始造访巴黎的时候，他的作品开始显示出立体派（Cubism）的影响，而他20世纪20年代初之后的作品则不只显现立体派的痕迹，还受到了构成派、野兽派（Fauvism）和未来主义的影响。1920年的画作《窗前的花朵》（*Flowers before a Window*）应了梅森斯对马格利特那一时期某些作品的描述，说它们是"羞怯地未来主义的……以常规的立体派风格创造的综合体。"将鲜明强烈的色块组合在一起这个做法，显示他受到"7艺术"成员维克托·塞尔夫朗克（Victor Servranckx）的影响，后者认为自己的几何图形抽象艺术，是开发一种人人都能理解的普世艺术语言的方式。

塞尔夫朗克与马格利特在1922年合著了一篇未发表的（题献给梅森斯）的文章，题为《纯粹艺术：为美学一辩》（*L'Art pur: defense de l'esthétique*）。他们要传达的核心理念——应用艺术杀死了纯粹艺术，是对他们当时的作品所表达出的美学关切的辩护。两个人都因经济压力而不得不从事墙纸设计的工作，这为他们的抱怨"艺术家为了生存，被迫浪费自己的时间来生产平庸的、供大众消费的艺术品（他们认为建筑、织物和家具都属于此类）"增加了分量。马格利特与塞尔夫朗克不同的一点是，马格利特在他的抽象艺术作品中纳入了装饰性元素，我们可以清楚地从《窗前的花朵》中看出这一点：无论是画面的安排还是对明亮颜色的使用，都与索尼娅·德劳内（Sonia Delaunay）在巴黎创立的奥费主义立体派（Orphic Cubism）相近。

这幅画的色彩使用同时也提醒我们，马格利特的视觉灵感来源都是单色，或色彩只是大致接近原作的复制品。他常常不得不猜测自己所模仿的作品真正的用色方案是怎样的，而这实际上给了他自由，去构造一组想象出来的，因而是独一无二的颜色。很可能，我们在这里看到的这种，后来成了他作品标志性特征的浓郁的蓝色，就来自他的想象与这些复制品的交互关系。马格利特后来对画框和分区的热爱也在这幅早期作品中初见端倪，他在画作的不同空间内部巧妙运用维度。

窗前的花朵

勒内·马格利特，1920

布面油画

墙纸艺术家

1921年11月,马格利特在布鲁塞尔的墙纸生产商彼得斯-拉克鲁瓦(Peters-Lacroix)公司开始了他的第一份全职工作。在皇家美术学院的训练和他早年的海报设计经历让他得到了这份工作。在那一时期的信中,他写道:"这份工作要求人获得一种特殊的技法——注意到那些人通常不会起疑心的小节,并且知道哪些是得到明确界定的、获致和谐的法则。"这种技法包括避免呈现运动,以及充分考虑平面性——花和叶片不能互相重叠遮蔽,否则就会暗示存在一种三维的深度,不适合墙纸。就像马格利特注意到的那样:"这是毫无问题的,因为在那种情况下就会出现两个平面,既然墙纸是装饰性的,其'二维'属性就必须被尊重"。

马格利特关于墙纸设计的心得，指向了他未来作品中形象、标志、式样、主题，甚至标题的重复出现，以及这些重复内部和它们之间浮现出来的差异。在他的画作中，他轻松驾驭装饰图案式的平面性和二维特征，而他标志性的裸露色块也产生了奇异的对照效果。

　　然而，工作了一年之后，他还是觉得在那座工厂的日子，就像他于1921年短暂入伍期间体验的军营生活一样难以忍受。他辞职了，并"谋了一份做无脑白痴活计的工作——海报和宣传品设计"。

诺里娜时装（广告设计）
勒内·马格利特，1926
水粉，水彩及中国墨
118厘米×80厘米
私人收藏

诺里娜

"一战"结束后那几年里,布鲁塞尔最出名的高端定制时装店是"诺里娜时装屋"(Maison Norine)。店名来自奥诺里娜·德施莱威尔(Honorine Deschryver)的名字,她是个现代派头的优雅女性,人们也称她"诺诺"(Nono)。"一战"结束后,她和她的丈夫,那位令关于巴黎的一切在比利时蔚然成风的布鲁塞尔酒吧老板、作家、时装设计师、艺术品商人保罗-古斯塔夫·凡·埃克一起创建了诺里娜时装屋。是梅森斯(当时他是凡·埃克的被保护人,同时也是诺诺的情人)介绍他们和马格利特认识的,此后他们夫妇俩就成了马格利特的作品在20世纪20年代里的重要主顾。

凡·埃克在将巴黎的先锋艺术介绍到布鲁塞尔的过程中居功至伟。他和艺术品商人安德烈·德·里德(André de Ridder)一起创办并编辑了评论刊物《遴选》(Sélection),该刊物一年发行十期,创刊号于1920年8月面世,最终由梅森斯接手了其编辑工作。《遴选》讨论超现实主义的发展,并在其光面印刷的纸页上印上了超现实主义的艺术品和文章。它尤其支持佛兰德斯的表现主义艺术,如古斯塔夫·德·斯梅(Gustave de Smet)和弗里茨·凡·登·贝格(Frits van den Berghe)的作品,但它也宣传了来自巴黎的立体派艺术,而这后一个关注点在凡·埃克的画廊"遴选-当代艺术作坊"(Sélection – Atelier d'Art Contemporain)中被进一步扩展了。这个同样于1920年建立的画廊让比利时和马格利特见到了许多来自比利时首都之外世界的艺术家,如巴勃罗·毕加索(Pablo Picasso)、阿梅代奥·莫迪里阿尼(Amedeo Modigliani)、玛丽·罗兰珊(Marie Laurencin)、迭戈·里维拉(Diego Rivera)的艺术。

到了1927年,凡·埃克已经成了将超现实主义引入比利时过程中的重要人物,《多样》杂志也是他创立的。这个刊物既反资产阶级又反天主教,它从超现实主义中诞生并分享这个艺术流派的很多看法。凡·埃克还建立了"时代画廊",并任命梅森斯为它的经理。

诺里娜时装屋创造了自己原创的、将时装与当代艺术相融合的设计风格,而非纯粹引进巴黎的时尚。从1924年起,马格利特开始为诺里娜设计海报和广告,在其中他采用了一种独特的装饰风艺术(Art Deco)风格。这些海报和广告频繁出现在《遴选》和《多样》上,从而强化了艺术和时尚之间的关联。马格利特既是位前途大好的艺术家,同时也是个娴熟的设计师,这两种属性的结合让他成了推广诺里娜品牌形象的理想人选。"咆哮的20年代"(the roaring twenties)是这间时装店最具创新性的十年,但在整个20世纪30年代和40年代里,诺里娜仍然保持着很大的影响力。马格利特为诺里娜所设计的海报显示出他对时尚和服饰,以及其伪装一个人的力量的敏锐意识,这也成了他在其后期作品中经常使用的一个元素。

服装的转变

圆顶硬礼帽可能是马格利特的作品中最具标志性的一个元素,而早在年轻的时候,他就表现出了对各种头饰,以及对服饰和着装规定的兴趣。梅森斯在回忆马格利特20世纪20年代早期的形象时,将他描述成一个时尚意识很强的年轻人,尽管当时他并没有戴圆顶礼帽。

我们觉得他的打扮极其风雅。他的西装是量身定制的,腰部收得很细,这让他看上去像个怀了孕的姑娘。每个星期天,他父亲都会用烫发钳子把他的头发烫卷。那段时间他还会穿带扣的靴子、珍珠灰色的上装,然后还在这整套装束上扣一顶画龙点睛的巨大的波萨里诺宽檐礼帽(Borsalino),整个人活像一块小孩初次圣餐礼吃的蛋糕,顶上还加了乳酪盖的那种!

然而,随着这十年渐渐过去,马格利特开始越来越喜欢学方托马斯打扮,像这位资产阶级男子一样穿样式朴素的西装,头戴一顶圆顶硬礼帽——这是件方托马斯和尤德士(Judex,菲拉德影片中的另一个虚构罪犯)电影中侦探常穿的服饰。当然,他也受到了来自那个年代最著名的戴圆顶硬礼帽的人——查理·卓别林的影响。早在20世纪20年代初,夏洛(Charlot,这是法语世界给卓别林起的昵称)就已经广为人知,比利时评论刊物《绿盘》(*Le Disque vert*)上频繁出现他的名字——马格利特和他那个圈子里的人都是这份杂志的忠实读者。卓别林扮演的角色,那个小流浪汉,必然是马格利特画中那些戴圆顶硬礼帽、永远在拿着手杖比比划划的人物的灵感来源。

圆顶硬礼帽无疑也是艺术家本人的标志,在戴着圆顶礼帽的马格利特本人和他画作中各种对圆顶礼帽的再现之间建立了联系。头戴圆顶硬礼帽、身穿西装(有时手里还拿着手杖)的人物形象反复出现,有时孤身一个,但更经常是成群结队地漫游在永远错位的地点,如海滩或荒凉的街道上。有时,这些形象似乎成了夜晚和白天的具象化形态,像雨一样从天上落下,或充满威胁地从窗外向里看。

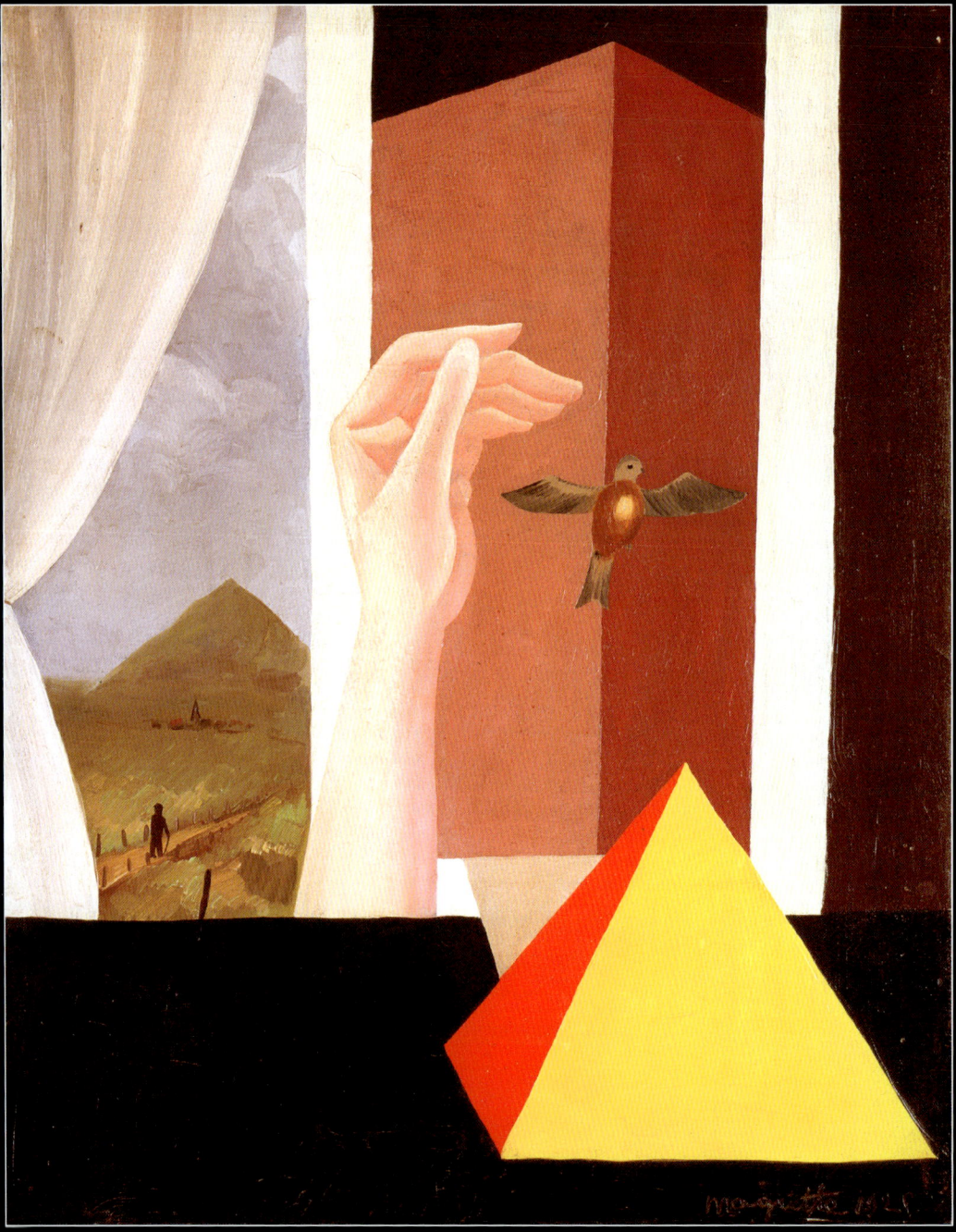

遇见超现实主义

大约1922年前后，马格利特第一次见到乔治欧·德·基里科（Giorgio de Chirico）的画作《爱之歌》（The Song of Love）的黑白照片。他在自传中写道，自己"眼泪不可抑制地落了下来"。这是个灵光闪现的时刻——他终于遇见了一幅能够直接触动他内心的艺术作品。德·基里科笔下谜一般的风景，充满各种孤立的形状、奇异地漠然的及梦幻般的人物、诡异而挥之不去的雕像和大小不成比例的物体。马格利特和其他许多看过这幅画的艺术家不久就联合起来，形成了超现实主义阵营。"超现实主义之父"安德烈·布勒东（André Breton）是在几年前在诗人、批评家纪尧姆·阿波利奈尔（Guillaume Apollinaire）在巴黎的公寓中遇见德·基里科的作品的。

在1925年，德·基里科的影响突然在马格利特的第一幅明显属于"超现实主义"风格的画作《窗》（The Window）中显现出来。这幅画作呼应了德·基里科特有的那种对棱角和大小比例的扭曲变形，不同主题的并置，以及对戏剧舞台式背景的使用——这些元素在马格利特之后的作品中也很显著。

马格利特和梅森斯也被达达主义（Dada）迷住了。这是一场于1916年发源于苏黎世的"反艺术"运动，在战后迅速传播到了整个欧洲。它在巴黎发展得尤为兴盛，最终在1924年之后逐渐被融入布勒东领导的超现实主义运动。梅森斯被埃里克·萨蒂（Erik Satie，达达主义自己的作曲家，两个年轻人都很仰慕他）和特里斯坦·查拉（Tristan Tzara，达达主义的创始人）深深吸引了，这两个人又将他介绍给了弗朗西斯·毕卡比亚（Francis Picabia，达达主义评论刊物《391》的创始人）、康斯坦丁·布朗库西（Constantin Brancusi）和马塞尔·杜尚（Marcel Duchamp）。然而，因为达达主义迷恋荒诞和偶发之物，并拒斥艺术的既有定义，布鲁塞尔的艺术圈子对其评价不高。梅森斯和马格利特都因为他们对达达主义的喜爱而在国内遭到了排斥。

乔治欧·德·基里科
爱之歌，1914

布面油画
73厘米×59.1厘米
现代艺术博物馆，纽约，纳尔逊·A.洛克菲勒遗赠（950.1979）

超现实主义对待艺术的态度要比达达主义严肃得多。超现实主义对荒诞和偶发之物也有兴趣，但这更多地与关于无意识的理论，包括西格蒙德·弗洛伊德（Sigmund Freud）的理论有关。马格利特和梅森斯始终对达达主义的无政府本质怀有好感，但他们在布鲁塞尔先锋艺术圈子的大多数朋友都坚定地站到了超现实主义一边。两个对立阵营之间的界限既已划定，一场在纸面上展开的战斗就此打响。

我憎恨达达主义！马格利特和梅森斯还在和达达主义眉来眼去，而我的评论《来往信函》已经吸引了布勒东和巴黎超现实主义者的注意。我已经是布鲁塞尔超现实主义的"领袖"了，而马格利特很快就会成为我的密友！

——保罗·努杰

1924年，我和梅森斯、勒孔特（Lecomte）和格曼（Goemans）一起发布了一篇达达主义的纲领，但另外那两个人抛弃了我们，去加入保罗·努杰的评论刊物《来往信函》了。我们的评论名叫《食道》（Œsophage）。

——勒内·马格利特

1926年4月我开始编辑一本名叫《玛丽》（Marie）的新评论刊物——马格利特和我都跟努杰走得更近了。同年7月份我们两个跟努杰、格曼和苏里（Souris）聚到了一起，写了三篇文章——我们几个全都在篇末签上了自己的名字。这些文章被刊载在《玛丽》的最后一期刊物《告别玛丽》（Adieu à Marie）上面。我想我们将成为布鲁塞尔超现实主义运动的中坚力量。

——E. L. T. 梅森斯

《来往信函》向马塞尔·勒孔特说拜拜了——他们在1925年7月把我踢了出去!
——马塞尔·勒孔特,诗人、批评家

努杰为我们指出了道路,那路通向的是巴黎和超现实主义。我是在马格利特到来之前搬到那儿的,开了一间画廊,并成了联结布鲁塞尔和巴黎两地艺术家的重要纽带。1928年春天我和努杰一起创立了另一个名叫《距离》的评论刊物——不过这次不存在任何不和,马格利特是我们的供稿人之一。
——艺术品商人卡米耶·格曼

我们[苏里和另一个音乐家保罗·霍尔曼]在1925年夏天加入了《来往信函》团体。
——安德烈·苏里,作曲家

艺术家与音乐

法国式的，或者说布勒东式的超现实主义和布鲁塞尔的超现实主义之间的一个重大区别，就是他们对待音乐的不同态度。布勒东觉得音乐很有意思，但对其并无多大兴趣，他觉得音乐不能成为正当的艺术形式，因为它过于势利了。然而，梅森斯、马格利特的弟弟保罗、苏里和霍尔曼都是音乐家，在马格利特终生创作的画作中，音乐也扮演了一个重要而多样化的角色。后来，马格利特将自己与布勒东之间的矛盾归结到布勒东对音乐的拒绝上——对于马格利特来说，一个厌恶音乐的人是不可信任的。马格利特最喜欢的作曲家包括萨蒂、巴赫、维瓦尔第、柴可夫斯基和瓦格纳，他尤其喜爱马勒的《亡儿之歌》（*Kindertotenlieder*）和莫扎特的《安魂曲》（*Requiem*）。在20世纪20年代中叶他还为乐谱设计过封面，而这份工作几乎能肯定是他的许多音乐界朋友介绍的。

1925年，马格利特和若尔热特（她化名"勒内·乔治"）共同写作了《诺里娜蓝调》的歌词。这首歌由马格利特的兄弟保罗谱曲（保罗这时已经成了一名成功的作曲家，在创作舞曲和爵士乐时经常使用比尔·巴迪这个笔名）。歌词引人入胜地将碎片化的广告宣传语和诗歌文本拼贴在一起，构成一种迷人的声音模式（这种将商业和艺术混合起来的做法，现在已经是司空见惯了）。

这"像魔鬼"又"任性妄为"，"马奎塔""Mitsou"闪亮的衣裙朦胧的"云朵""晨露"，好人儿Mousmée"飞走了"，"甜蜜的夜"鸡尾酒，"让我们低调些""花儿在这里""美丽的玫瑰""大喇嘛""赢家"迷上了"艺伎"，为了缓和他的"神经质""印度梦"，"风毫无章法地吹""金色的布鲁斯""闪耀着光芒"，"在轮下"我看见"伊戈尔王子""诱拐了我""火焰""冲动""像他一样"，在一个美丽的，金色的"Radjah"的"梦境"之中我非常"优雅"美丽的衣裙美丽的名字！"颤动的奇迹""疯狂的激情""正在怒放"！

这首歌的副标题是"有漂亮名字的漂亮衣服"（Les jolies robes aux jolis noms）。这首歌由伊芙琳娜·布莱里亚（Evelyne Brélia，她非常喜爱马格利特的作品，他第一幅卖出去的画作就是于1923年卖给她的）在奥斯坦德库萨尔音乐厅（Kursaal concert hall）的一次"时尚盛会"（Gala des choses en vogue）中演出。这是一场绚丽多彩的展览，展示了帽子、皮草、珠宝、假发、头饰、玩偶、香水、歌曲、舞蹈和其他许多时尚的东西。而在当时，布鲁斯音乐也同样位于时尚之巅。

...olique... et capricieuse... se névrose... pour calmer... nuages... Le gagnant s'éprenait de Geisha... Voici des fleurs... un beau rêve d'or... folle passion toute fleurie !

巴黎

1927年9月，若尔热特和马格利特搬到了巴黎，随后他们的弟弟保罗也来了。在此之前的4月，卡米耶·格曼来到巴黎开了一间画廊。格曼将马格利特介绍给了巴黎的超现实主义者，其中包括萨尔瓦多·达利（Salvador Dalí）、马克斯·恩斯特（Max Ernst）、胡安·米罗（Joan Miró）和汉斯·阿尔普（Hans Arp，若尔热特给他的一些细绳浮雕作品缝过线）。艺术方面，这段将近三年的巴黎旅居经历被证明是非常高产而有创造力的——仅在1928年一年里，马格利特就创作了超过一百幅画作。但在其他意义上，这对于他们来说都是很艰难的一段时间。他们只租得起偏远而非常不时尚的马恩河畔勒佩勒（Le Perreux-sur-Marne）的房子，不过他们偶尔会去格曼在市中心的家里小住，而且马格利特每周四会和格曼、米罗碰面吃午饭。

不过，他想要被安德烈·布勒东那个超现实主义圈子完全接纳的尝试遭遇了挫折。同为比利时人的格曼和努杰都被邀请在1927年10月23日签署了那篇超现实主义的重要宣言《请允许！》（Permettez！），马格利特却未受邀。作为马格利特在巴黎的艺术经销商，格曼试图将他的画作在超现实主义的画廊和展览上展出，但经常无法如愿。1928年布勒东出版他关于超现实主义和绘画的里程碑式著作《超现实主义与绘画》时，人们很容易注意到，里面完全没提到马格利特。

1928年，马格利特57岁的父亲死于中风，而且从1929年初起，日益严重的金融危机就笼罩在他们的头顶，让他们的麻烦越积越多：到了10月华尔街崩盘的时候，艺术品已经很难卖出去了。此前曾买下凡·埃克的"时代画廊"，同时也接手了售卖马格利特部分作品合同的布鲁塞尔"半人马画廊"（Galerie Le Centaure）将与他的合约取消了，因为买家对他兴趣寥寥。

不过，1929年布勒东本人却购买了马格利特的一些作品，也终于将他带进了超现实主义者俱乐部。但布勒东喜怒无常、专横霸道的人格注定了马格利特的会员身份维持不了多久。

鲁莽的睡者

勒内·马格利特，1928

梦的解析

马格利特最著名的那些作品和理念，有许多都出现在他旅居巴黎期间：他著名的"词画"，他的那些谜一般飘浮在半空中的物品，他对框架（framing）和观看、再现（representation）和现实的关注。他在巴黎遇见的这种情绪极其强烈、富有动态感和国际视野的先锋派艺术，和他自己想要在巴黎艺术界站稳脚跟的渴望，共同令他发展出了一系列新的艺术方向和想法。特别是，他批判性地探讨了布勒东尤为看重的弗洛伊德的梦境分析和象征理论。在布勒东1924年发表的第一篇《超现实主义宣言》中，他运用了字典和百科全书的条目，将超现实主义定义为：

超现实主义，阳性名词：纯粹的精神学自发现象，主张通过这种方法，口头地、书面地或以任何其他形式表达思想的实实在在的活动。思想的照实记录，不得由理智进行任何监核，亦无任何美学或伦理学的考虑渗入。

哲学背景：超现实主义的基础是信仰超现实；这种现实即迄今遭到忽视的某些联想的形式。同时也是信仰梦境的无穷威力，和思想能够不以利害关系为转移的种种变幻。它趋于最终地摧毁一切其他的精神学结构，并取而代之，以解决人生的主要问题。

虽然马格利特的画作看上去常常利用梦境意象，或再现如在梦中一般的场景，但他始终拒斥精神分析学。他声称自己痛恨象征，并坚持认为"我的作品所表达的想法是绝对的……它拒绝被阐释。在我的画中，一只鸟就是一只鸟。一个瓶子也就是一个瓶子，不是什么子宫的象征"。

在马格利特的《鲁莽的睡者》（*The Reckless Sleeper*）中，正在睡梦中的人被装到了盒子里，就好像被埋葬了一样，与下方似乎是用石头雕刻出来的、显然是弗洛伊德式的梦境意象相隔绝。这幅画似乎是关于马格利特自己，以及他与看似无法穿透的巴黎超现实主义群体及其想法的相对位置关系。但这幅画同时也体现了他对精神分析的拒斥，无论是通过剥离了有意决定的自动过程来生产艺术作品的方面，还是阐释艺术的方面。这一分歧才是将马格利特以及布鲁塞尔超现实主义与巴黎的超现实主义团体割裂开来的最重要因素，比他们对音乐的不同态度更为关键。在发表于评论刊物《来往信函》的文章中，努杰和格曼都拒绝了梦境是一种可以被毫无障碍地访问的信息来源这个观念。因为，只要人们一试图去表达它，他们就会使用语言或者形象，而这两种介质都只能以一种被预先设置好的，也就是说，被有意识地组织过的方式进行表达。

从百科全书中找点子

对于马格利特和其他超现实主义者来说,百科全书既是灵感的宝藏,又是革命的手段。百科全书最初诞生于18世纪,当时狄德罗出版了他的首部《百科全书》。这部书是启蒙运动用来颠覆既成秩序,并将信息带给人民大众的武器,很快就成了18世纪最热门的畅销书之一,为公共教育做出了重要贡献,并且以一种标准套系的形式发行售卖,无论是哪个社会阶层,大多数家庭都会购置一套。狄德罗这套书的成功,激发了其他许多人编纂自己的百科全书,20世纪初,《拉鲁斯百科全书》(*Larousse*)成了法语世界中百科全书的不二之选。百科全书不仅提供了关于从A到Z的每一个事物的信息,而且其中收录的信息是基于"知识应当来自感官和理性,而非一个信仰体系"这一原则而被挑选的。这种根据名称的首字母排序(而非根据主题排序),将迥然不同的话题奇特地并置在一起的编纂条目的方式,对超现实主义者有着额外的吸引力。

我们从布勒东1924年的那篇《超现实主义宣言》中对超现实主义的定义,就能看出他明显受到了百科全书格式的影响。而对于马格利特和其他某些艺术家,如马克斯·恩斯特来说,百科全书是个重要的意象宝库。作为一个热爱复制品的艺术家,马格利特被充斥着《拉鲁斯百科全书》的简洁、朴素和信息丰富的插图所吸引。从20世纪20年代中期开始,马格利特的画中一次次重复出现"迷路的赛马骑师"这个题材——一匹孤独的赛马驮着它的主人,走在远离赛道的地方,画的背景经常还是片一派荒凉的冬日风景。在这幅创作于1948年的画中,那骑师策马奔跑在树冠呈叶片状的树木中间,那树木的样式很显然是直接从《拉鲁斯百科全书》的书页上搬运过来的(具体说来就是其中的"taille",即"修剪枝条"这个条目)。

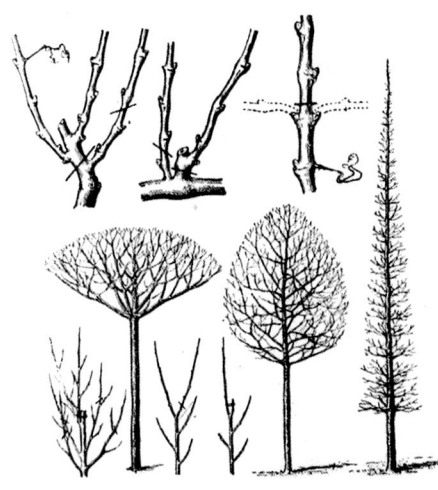

修剪枝条

《拉鲁斯百科全书》中的插图细节,
1928—1933

迷路的赛马骑师

勒内·马格利特，1948

纸上水粉画

50.5厘米×64.8厘米

私人收藏

马格利特在巴黎时期最重要的哲学主张和绘画创新之一,就是对词语与形象之关系的探索。在他最终被布勒东的圈子接纳之后,出版于1929年12月的《超现实主义革命》(*La Révolution surréaliste*)最后一期刊载了他的一篇配图文章《词语与形象》。马格利特在这篇文章中提出,在词语和形象之间,或在词语、形象以及事物实体三者之间,不存在任何固有的或自然的关联。他关于这个话题的思考可以追溯到他从1927年秋天开始创作的一系列形象,当时他刚刚搬到巴黎不久。在这些作品中,他将形象(经常是直接从《拉鲁斯百科全书》中截取的)和一些通常被认为与这些形象毫不相关的标签并置在一起:例如一口棺材,上面写着"天空"(ciel)这个词。"词语与形象"的主题在他巴黎时期的创作中出现得最为频繁,不过他在此后的整个职业生涯中,也将多次回到这个主题上来。

一切都显示出,在物品本身和对物品的再现之间不存在什么关联。

任何物品都不依赖其名字而存在——对于任何东西,我们都完全可以找到另一个,或许还要更合适的名字来称呼它。

形象可以替代词语在命题中的位置。

险恶的天气

勒内·马格利特,1929

布面油画

54厘米×73厘米

苏格兰国立现代美术馆,爱丁堡

达利

1929年春天,马格利特见到了萨尔瓦多·达利。当时达利正在巴黎跟他的老朋友、电影导演路易斯·布努艾尔(Luis Buñuel)拍摄那部经典的超现实主义杰作《一条安达鲁狗》(*Un chien Andalou*)。不同于马格利特的费尽周折,达利轻松地得到了巴黎圈子的接纳。他们的第一次会面是米罗安排的,当时米罗告诉达利,他将要见的人是个名叫"玛格丽特"(Marguerite)的女孩子。达利回忆道:

> 我确信他说的那个人就是比利时画家勒内·马格利特,我认为此人是当下最为"神秘地含混多义,难以捉摸"的画家之一。此人竟然是个女性,这个消息让我大吃一惊,我之前一直当他是个男的来着。我已经提前下定了决心,就算她长得并不特别漂亮,我也一定会爱上她的。

后来,马格利特和达利又在卡米耶·格曼的公寓里见了几次面。

1929年8月,达利邀请马格利特夫妇到卡达克斯(Cadaqués)度假。卡达克斯是一个位于加泰罗尼亚海边的小渔村,达利家在那里有间房子。若尔热特后来告诉马格利特的传记作者戴维·西尔维斯特(David Sylvester),他们是四个人一起去的:勒内和若尔热特、格曼和他的伴侣伊冯娜·贝尔纳(Yvonne Bernard),还带着马格利特家的两条狗露露和豆米。若尔热特回忆说达利"非常和善,一点都不古怪"。布努艾尔、诗人(同时也是法国超现实主义的创始人之一)保罗·艾吕雅(Paul Eluard)和他的妻子加拉(Gala)也加入了他们。若尔热特记得,接下来的一个月里他们划船、在乡间散步,但"至于加拉嘛,她的注意力始终都在那些男人身上,对女人兴趣寥寥"。

那年年底,加拉离开了艾吕雅,跟达利在一起了。马格利特在卡达克斯度假期间,创作了《险恶的天气》(*Threatening Weather*)。后来艾吕雅买下了这幅画,可能是作为见证他与加拉共度的最后一个假期的痛苦的纪念。这幅画作所描绘的风景是卡达克斯的,但其中也显示出马格利特和达利两个人的相互影响,特别是在使用明亮的蓝色作为画面主色调这方面。

后来马格利特对达利的态度变得矛盾了,他觉得达利是个浅薄的人,并且反对达利与一些政治人物的交游,包括与教宗来往甚密,和默示支持佛朗哥在西班牙的独裁。两人之间也出现了职业上的龃龉:在1959年的一封信中,马格利特将达利1937年的作品《燃烧的长颈鹿》描述为"一幅愚蠢拙劣的模仿之作,是对我的一幅画[1934年的《火之梯》(*The Ladder of Fire*)]没什么脑子——因为轻佻和无用——的翻版,在那幅画中,我画的是一张纸和燃烧着的钥匙"。

奇物柜（Cabinets of curiosities）

引起马格利特兴趣的，除试图分类和收录一切事物的百科全书外，还有17—19世纪欧洲贵族中间格外受欢迎的"奇物储藏室"（Wunderkammer）。这些"储藏室"实际上经常是一些做工精美的橱柜，有许多抽屉或隔间，收藏家们在里面存放和展示许多珍贵的物件。这些橱柜里的藏品缺乏百科全书的系统性，它的组织原则，是一种想要囊括从艺术到科学的所有知识领域的欲望。

奇物储藏室影响了包括马塞尔·杜尚在内的许多超现实主义者，也激发了一位美国艺术家——性情古怪的约瑟夫·康奈尔（Joseph Cornell）的灵感，让他创造出了"盒中之物"系列作品。马格利特本人对奇物柜分格结构的迷恋在1927年他开始创作"词语与形象"系列画作时就显现出来了，在这系列作品中物品经常被分置在一个个的小格子里。这些分格式的构图后来持续演变，有时旁边会配上文字，而有时不会。1942年的《第三维度》（The Third Dimension）是对这个主题的进一步发展，画面上出现了一组异国鸟类。异国鸟类是"奇物储藏室"的常见藏品，亚历山大-伊西多尔·勒鲁瓦·德·巴尔德（Alexandre-Isidore Leroy de Barde）19世纪早期的画作《分装在不同盒子中的异国鸟儿》就是这种兴趣的一个证明。但马格利特画的这些鸟儿仍然是对《拉鲁斯百科全书》某页插图的精确复制，他没有将它们置于分成一格格的盒子里，而是平铺在一片巨大的叶子上，就好像它们是一组小型昆虫那样。

亚历山大-伊西多尔·勒鲁瓦·德·巴尔德
分装在不同盒子中的异国鸟儿，约1810

纸上水彩及中国墨，
126厘米×90厘米
卢浮宫博物馆，巴黎

超现实主义的驱逐

从卡达克斯回来之后,马格利特夫妇似乎终于被纳入了巴黎超现实主义的小团体。标志了这一年结束的,是1929年12月15日马格利特在《超现实主义革命》第12期,也是最后一期上发表的文章《词语与形象》以及一幅由超现实主义者的大头照构成的照片拼贴画。马格利特不仅出现在了这幅画中,而且被超现实主义者们的照片围绕在中间的,正是他同年创作的一幅画作《隐藏的女人》(The Hidden Woman)。照片上所有超现实主义者的眼睛都是闭着的,就好像每个人口中都在重复着画面中心的那句话"我没有看见藏在森林里的女人"一样。

因此令人感到反讽的是,就在这期刊物上架的前一天,马格利特和他新近进

16幅大头照环绕马格利特的《隐藏的女人》而成的拼贴画 发表于《超现实主义革命》,第12期,1929年12月15日

从左上起顺时针方向:马克西姆·亚历山大,路易·阿拉贡,安德烈·布勒东,路易斯·布努埃尔,让·科佩纳,保罗·艾吕雅,马塞尔·富尼耶,勒内·马格利特,阿尔贝·瓦朗坦,安德烈·蒂里翁,伊夫·唐吉,乔治·萨杜尔,保罗·努杰,卡米耶·格曼,马克斯·恩斯特,萨尔瓦多·达利。

入的这个兄弟会大吵一架,此后很长一段时间再无来往。那天,整个超现实主义小组在布勒东的公寓集会。布勒东注意到若尔热特脖子上戴了一个十字架(为了纪念她的祖母),就要求她把"那东西"摘掉。若尔热特深感侮辱和冒犯,当场与马格利特一同起身离开。又过了六个多月之后,1930年7月10日,马格利特夫妇搬回了布鲁塞尔。

当月,马格利特的名字被布勒东刻意从他的新评论刊物《为革命的超现实主义》(SASDLR)创刊号上的"团结宣言"中略去了。而且,在接下来的整整三年里,他都被法国的超现实主义运动彻底排除在外。被法国的小团体排斥,使得他的作品得不到多少展出和售卖的机会,他因此陷入了财务上的困难。直到1933年,布勒东和艾吕雅终于再度向他伸出了橄榄枝,寄赠他签名书籍以示好,并邀请他为SASDLR的最后两期杂志供稿,这标志着他们关系的重建。在过了将近三十年后,马格利特坚称:"回到比利时并没有影响我和超现实主义者们的关系:什么都没变,既没变好,也没有变坏。"

布鲁塞尔艾瑟姆街135号

回到布鲁塞尔之前不久,马格利特还遭遇了另一重打击。1930年4月,卡米耶·格曼在巴黎的画廊倒闭了,刚好在马格利特期待了很久的巴黎个人展览原计划的开幕日期前夕。马格利特失去了他在巴黎的艺术经销商——实际上,连格曼自己(在与伊冯娜大闹一场并分手之后)也已经无家可归了。画廊倒闭后他在马格利特夫妇家中短暂地借宿过一段,然后5月就搬回了布鲁塞尔。居住在法国首都的最后几个月里,马格利特夫妇靠若尔热特的父亲寄来的食物维生,勒内不得不再次去从事商业界的工作。梅森斯试着通过购买马格利特手上现成的任何作品来帮他们渡过难关,但生活的困难动荡和商界工作所耗费的大量时间都使他无力创作多少自己的作品。马格利特得到了一份在巴黎的工作邀约,但是他拒绝了,因为若尔热特想要回家乡居住。

7月,他们和弟弟保罗一同回到了布鲁塞尔。此时保罗作为作曲家的职业生涯也开始走下坡路了。马格利特决定成立一间商业艺术公司"Studio Dongo"。他和若尔热特在布鲁塞尔西北的郊区杰特艾瑟姆街135号租下了一间底楼公寓。Studio Dongo生产了一系列海报、广告和招贴画,用来挂在集市和店铺橱窗里。他们的兄弟雷蒙德也支持他们的创业计划,用自己生意上的人脉为他们介绍了客户。在1933年到1938年之间,马格利特还使用笔名EMAIR(是勒内·马格利特这个姓名首字母颠倒版本M.R.的发音转写)为"现代唱片"(Les Editions Modernes)公司出品的流行歌曲设计封面。

若尔热特和勒内在艾瑟姆街135号一直住到了1954年。诗人路易·斯库泰奈尔(Louis Scutenaire)是这么描述他们的家庭生活的:

马格利特在餐室里作画、进餐、接待访客、进行他的日常生活。房间的狭小让他多有不便,在桌子、门和炉灶之间左支右绌。他经常撞到桌子、被炉火炙烤,而当访客推门进来的时候,门板可能会撞在他的手臂上,把他手里的画笔碰歪。

马格利特自1930年之后的作品中经常涉及这间房屋及其内部结构,而他的画作渐渐将这房子变成了他内在宇宙的一种再现,或曰一种模型。今天,整座房屋都成了马格利特博物馆,访客们进入它就像进入了某个舞台布景一般,而这恰与马格利特的很多画作产生了奇特的呼应。

关键的领悟

关于马格利特书房中藏书的记录，显示出他对哲学的浓厚兴趣。他的藏书中包含笛卡尔、柏拉图、加缪、利奥塔、费希特、黑格尔、萨特和斯宾诺莎等一系列哲学家的著作以及后人对他们的研究，还有许多关于美学、英美哲学和现象学的书籍。与此同时，马格利特与许多当代哲学家如马丁·海德格尔、马塞尔·福柯和乔治·巴塔耶也有来往。

1933年，他的哲学思索将其画作引向了一个新的方向。"某天夜里……我在一个房间里醒来，那房间里放着一个笼子，里面有一只鸟，已经睡着了。然而，一个辉煌的错误导致我把那个笼子里的鸟错看成了一只蛋。"这个错误揭露了人们通常不会察觉的，鸟笼和蛋之间的相通之处，导向了马格利特创作的一个新阶段——让截然不同，又奇异地相互关联的事物相遇的实验。与其他超现实主义者的生平叙事中经常出现的桥段相似，马格利特也倾向于将对自己来说最关键的启示性时刻定位到梦境或幻觉上。然而在其他的超现实主义叙事中，灵感的来源常常是睡眠和梦境，而马格利特的顿悟则实际上发生在醒来的时刻，在梦幻状态的消散之中。很久之后的1962年，他在一次访谈中强调了这一点："我从来没有梦见过自己要画的画。在我睡着的时候，世界并不以梦境的形态呈现在我面前。我只有在彻底清醒，且'神智完全在场'的状态下才能'看见'任何的画面。我睡着的时候，神智是无法在场的。"《选择性亲和》(*Elective Affinities*)这幅画就表达了马格利特的这个新的理论观点。这幅画的标题是对歌德1809年的小说《亲和力》(*Die Wahlverwandtschaften*)的字面直译。歌德这个题目指的是一种化学过程，在其中某种物质表现出对另一些物质的特别倾向性。歌德试图用这一化学过程作为某种模型或暗喻，来分析人类的关系和婚姻。

同样也是在这段时间，布勒东和艾吕雅开始寄书给马格利特，书上附有题词如"安德烈·布勒东献给他的朋友勒内·马格利特，尽管他们之间曾经发生过一些不愉快"。布勒东还通过保罗·努杰联系马格利特，对他的新作品表示感兴趣，并邀请他为SASDLR供稿。这标志着两人重新恢复了交往。

选择性亲和

勒内·马格利特,1933

布面油画

41厘米×33厘米

人的境况

勒内·马格利特,1933

布面油画

100厘米×81厘米

国家美术馆,华盛顿

收藏家委员会赠送(1987.55.1)

我们之内的再现

马格利特视《人的境况》(The Human Condition)为第二幅使用了他全新的、有些晦涩难解的方法的画作，该方法先是探索一个物品的"问题"，然后再为它找到一个"答案"。

《人的境况》源自窗子的问题。从房间内部的视角看，我在一扇窗子前面放置了一幅画，其画面所再现的恰恰是被这幅画本身遮蔽住的那块风景。于是，画中再现的树木就挡住了其背后的，位于房间之外的真实的树木。对于观者来说，那棵树既在房间之内的画面上，同时也在概念上位于房间之外真实的风景里。

这幅画的原型场景，显然是艾普姆街公寓餐室或起居室里的一扇窗户，但马格利特用一片广阔的乡间景色，取代了公寓后侧窗外的那个小小的郊区花园。马格利特的画作是一次哲学上的探索，其灵感援引自柏拉图的洞穴寓言。为了阐述哲学家在看见真理的过程中扮演的角色，柏拉图设计了这样一个寓言：有一群人终生都被锁链捆在一个地下洞穴的墙壁上。他们错误地认为，那些由在他们身后的火光前经过的事物投射在自己面前石壁上的影子，就是真实存在。马格利特在《人的境况》中设置了一个与此相似的寓言，质疑了再现和真实之间的关系，这比后来的后结构主义者和后现代主义者提出相似的论调早了整整几十年。这幅画论证说，对于我们人类，填补真实之空白的永远是再现；我们无法脱离再现去直接看见外在世界。或者用马格利特自己的话说，"这就是我们看见世界的方式。我们将其看作位于我们身外的世界，但我们所能拥有的，只是位于我们之内的，对世界的再现。"这幅画比其他任何一幅作品都更明确地提出，艺术是真实的媒介，而"再现"之帐幕永远横亘在观看者和真实世界之间。

美国的个人展

从1935年开始，马格利特终于可以再次完全专注于他的绘画了，一开始这很大程度上有赖比利时小说家、剧作家克劳德·斯帕克（Claude Spaak）的支持，他购买马格利特的作品，并呼吁他的家人也这样做。到了1935年年底，梅森斯也成了马格利特的海外经纪人。此时梅森斯越来越多地在伦敦活动，在英国超现实主义艺术的形成中扮演着重要角色，并帮助在比利时、法国和英国三地的超现实主义艺术家之间建立起了联系。

1936年1月，马格利特终于得到了在纽约最热门的超现实主义艺术据点——麦迪逊大道602号（与57街交界处）朱利安·勒维（Julien Levy）的画廊举办个人展览的机会。然而，他没有提交自己近期的作品参展——展出的22件作品中，有15件都是他之前画作的复制品，或是在之前作品主题之上的变奏。这些复制品的规格都很小，仅有约33厘米×41厘米，有的还要更小。这或许是出于节省横跨大西洋的运输费用考虑，而且作品的型号小也便于在它们到达之后更快售出。于是马格利特发现，为了在一个保守的市场中赚钱，自己被迫重复之前的工作。在他之后的职业生涯中，这将成为一个惯常做法。

马格利特没有出席这场在纽约的展览。他厌恶旅行，曾经说过："我的假期向来是在家中度过的，只有到了不得已的时候，才勉为其难地计划出行。"而前往纽约又是格外地令人生畏。勒维感到很失望，因为参展的画作多是复制品，而且画幅又小。展品没卖出去多少——可能价格定得太高了些。评论界的反应也不怎么热烈。爱德华·阿尔登·朱维尔（Edward Alden Jewell）在《纽约时报》上发表的评论说："达利关注冗长繁复的梦境，而勒内·马格利特则只热衷于使用隐喻，他仅仅依靠由将物品或观念随机关联——也就是说，以怪异，有时甚至是疯狂的方式联系在一起——而产生的惊吓感来制造艺术效果。"

不过，还是有人为他着迷的。勒维自己就买了五幅画，之后又在1938年举办了第二次马格利特个展并展出了它们。纽约现代艺术博物馆（MoMA）的第一任总监阿尔弗雷德·H. 巴尔（Alfred H. Barr）也对马格利特产生了兴趣。1936年12月，马格利特的作品被选入了MoMA里程碑式的展览"幻想艺术、达达主义、超现实主义"中，这次展览确立了社会公众关于哪些艺术品属于超现实主义和达达主义之正典的认识。巴尔、勒维和另一位重要的马格利特作品收藏家、评论家兼策展人詹姆斯·萨尔·索贝（James Thrall Soby）在哈佛大学读书的时候是同班同学。

马格利特在英国

对马格利特来说,1936年一开始就开了个好头,之后也越来越好。当年6月,伦敦享有盛誉的新伯灵顿展览馆(New Burlington Galleries)举办了"国际超现实主义展",并在其中引人注目地展出了马格利特的作品。这场展览的主要策划人是梅森斯和罗兰·彭罗斯(Roland Penrose),一位有贵族头衔的艺术家、诗人、收藏家、展览馆长,也是超现实主义在英国的主要推广者。他们与巴黎的团体,包括布勒东、艾吕雅、曼·雷(Man Ray)和达利合作组织了这场展览。展览引起了巨大的骚动和兴奋——一个"超现实主义的幽灵",整个头部覆满了红色玫瑰,在特拉法加广场上四处游荡,而达利则穿着全套深海潜水服做了一场演讲,差点在台上当场窒息。人们对马格利特评价很高,他的画卖得也很不错,当时有许多充分详细的报道都提到了这一点,例如《曼彻斯特卫报》(The Manchester Guardian)上的这篇:"但被证明最受欢迎的是勒内·马格利特。他的作品已经卖掉了五幅,但售价都相对偏低,因为此人之前在这个国家没什么名气。"

马格利特在英国的成功还在继续——次年,他接到富有而脾气古怪的诗人兼收藏家爱德华·詹姆斯(Edward James)的委托绘制三幅大画,为此,他在詹姆斯位于伦敦温坡街35号的家中住了一个月。马格利特的这些画是用来装饰詹姆斯家中的亚当斯舞厅的,为了庆祝詹姆斯计划于1937年4月为其侄女而举办的舞会。此后詹姆斯又委托他创作了一些画作,这些画在他的作品集中占据重要地位。其中1937年的一幅题为《禁止复制》,其蓝本是一张詹姆斯的摄影肖像,照片中,他背对观者而立,正在观看手中的一幅他委托马格利特创作的作品,而在《禁止复制》的画面中,他手里的画框变成了一面错乱的镜子,镜中照出的不是他的面孔,而是令人不安地将他的后脑勺以镜像的形式又复制了一遍。

超现实主义在英国如此之成功,于是在1938年,梅森斯和彭罗斯的伦敦画廊在科克街28号开门营业了。里面展出的主要是梅森斯的个人藏品,其中包括约250幅马格利特的画作——画廊在1938年4月举办的开业展览,实际上成了马格利特的另一次个人画展。《苏格兰人报》(The Scotsman)称:"伦敦画廊里的勒内·马格利特展……绝不简单。马格利特是个超现实主义者。我们第一百次问这个问题了:超现实主义究竟是什么意思?'它是马格利特的一个阴谋,将杜鹃蛋偷梁换柱到了其他鸟儿的巢里(鸟儿自己的蛋已经不知所踪)。'安德烈·布勒东答道。"

上帝,第八天

勒内·马格利特,1937

银盐照片

8.5厘米×5.7厘米

大都会艺术博物馆,纽约

福特汽车公司收藏,

福特汽车公司及约翰·C.沃德尔赠送,1987(1987.1100.312)

摄影

摄影是理解马格利特作品的关键。他在作画时严重依赖照片,这就颠覆了传统观念中的层级体系——人们通常认为,绘画因其具有独特性和原创性,地位要高于摄影这种亦步亦趋的复制品。在马格利特的案例中,那独特之物常常需要建立在那复制品的基础之上。据他的朋友和仰慕者,同时也是他作品收藏者的克劳德·斯帕克说,马格利特在准备绘制一幅肖像时,总是先索要肖像主人的照片来看,在此之后才会安排与本人亲自见面作画。在马格利特自己的摄影作品中,复制品和时间的关系就更加扑朔迷离了。例如《上帝,第八天》(God, the Eighth Day, 1937)这张照片中的人物,是在重现,或者说演绎一幅画作《疗愈者II》中的场景,然后这张照片又成了十年后的画作《解放者》(The Liberator)所复刻的对象(见本书第4页)。

保罗·努杰(他也创作了大量摄影作品)和马格利特一样热爱摄影。马格利特的照片中有许多都是度假时拍的,其中有些拍摄的是他和布鲁塞尔超现实主义者一起游乐嬉戏的场景,而另一些拍摄的则是艺术作品,或是对其他画作的重新演绎。但摄影在将马格利特转变成一个公众人物"马格利特"的过程中也起到了关键的作用。包括李·米勒(Lee Miller)、杜安·迈克尔斯(Duane Michals)和罗杰·迪克曼斯(Roger Dyckmans)等人在内的许多摄影师共同将马格利特塑造成了那个戴圆顶硬礼帽的艺术家形象,这促使人们在脑海中将他本人与他笔下所描绘的那个形象合而为一。

另一场战争

马格利特后来将他的一幅画，1937年创作的《黑旗》(*The Black Flag*) 视为自己对第二次世界大战的预感。这场战争中，比利时于1940年5月再次被德国占领，直到1945年年初才解放。这幅画描绘了五架形状怪异的飞行器，正在不祥地低空盘旋。这个反乌托邦式视界的灵感来源仍然是《拉鲁斯百科全书》，特别是里面的一个详细列举了第一次世界大战中使用的飞行器的表格。

5月15日，正是德军入侵比利时的前夕，马格利特独自逃离布鲁塞尔，来到了巴黎，将若尔热特和他的家人抛在了身后。若尔热特不想离开比利时，因为她要留下来陪伴她亲密的姐妹列昂蒂娜（Léontine）还有保罗·科利内（Paul Colinet），后者也是一位比利时超现实主义者，从1937年开始成为若尔热特的婚外情人［若尔热特的这场外遇，或许是为了报复马格利特本人和艺术家塞拉·莱格（Sheila Legge）在他短暂驻留伦敦期间的露水情缘］。

他在车站碰见了同为超现实主义者的路易·斯库泰奈尔、艾琳·哈默瓦（Irène Hamoir）和拉乌尔·乌巴克与艾格维·乌巴克夫妇（Raoul and Agui Ubac）。车站挤满了人，因为火车已经停运了。他们几个人一起先后交替乘坐有轨电车、卡车和步行来到了里尔（Lille），一路上到处都是难民，德国的轰炸机还不时在天上盘旋。到达里尔之后，他们终于登上了一列前往巴黎的火车。

这一小群人到巴黎之后就分开了。马格利特迫切地需要钱，于是他去了克劳德·斯帕克家里，从他那儿取了一幅自己的作品，试图赶在富有的艺术收藏家佩姬·古根海姆（Peggy Guggenheim）回美国之前把画卖给她。古根海姆称，马格利特是在她正要去拜访装裱商人勒菲弗-富瓦内的时候突然出现的。她当场拿现金买下了他的画。于是马格利特就有钱在5月下旬前往卡尔卡松（Carcassonne）了，这是法国南部边境靠近西班牙的一个小城。他和斯库泰奈尔、哈默瓦和乌巴克夫妇一起在卡尔卡松租了间房子住。

到了6月中旬，马格利特决定要返回比利时，特别是回到若尔热特身边。哈默瓦回忆说，当时没有火车，于是他租了一辆自行车，买了一打鸡蛋做路上的补给，然后就出发了。出发之前，他"对着朋友们尽情抒发了强烈的情感，至少在他这方面，做出了一副生离死别的样子。而他的朋友们呢，都心知肚明，自己在这一天结束之前就会再次见到他。四个小时之后，他回来了，精疲力尽……垂头丧气"。他一连几个月不停地申请通行证，好让他可以穿过新近被占领的法国回到比利时去，最后终于在1940年8月成功回到了布鲁塞尔，回到了若尔热特的身边。这段归乡之路十分凶险，从马格利特出发后写给斯库泰奈尔的一封信中就可见一斑，他写道："如果我不巧死在了半路上，你再见到若尔热特的时候请告诉她，我在生命的最后一刻定是想着她的。"

黑旗

勒内·马格利特，1937

布面油画

54厘米×73厘米

苏格兰国立现代美术馆，爱丁堡

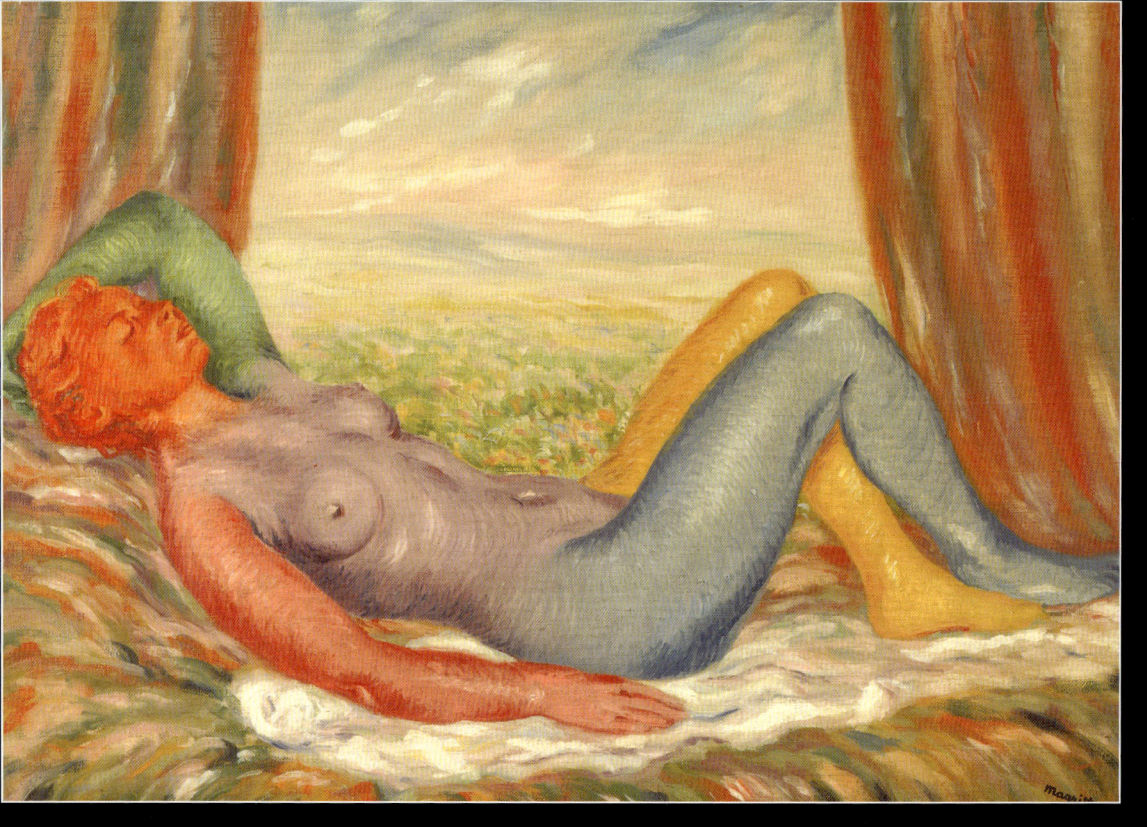

收获

勒内·马格利特,1943

布面油画
60厘米×80厘米
私人收藏

雷诺阿

"自从这场战争开始，我就有个强烈的欲望，我想要获得一种新的诗学上的有效性，它意在带给人们迷恋和欢愉。让别人去做我之前的那种，引发焦虑和恐惧，并把所有东西混在一起的工作吧。"马格利特在他1945年2月写给比利时艺术家波尔·比里（Pol Bury）的信中这样写道，当时比利时刚刚解放不久。实际上，从1943年起，马格利特的画作就已经开始走上了这条新路，他开始采用印象派的某些风格和主题元素，特别是皮埃尔-奥古斯特·雷诺阿（Pierre-Auguste Renoir）所使用的那些。一个年轻的朋友，艺术家马塞尔·马里恩（Marcel Mariën，他也是第一个为比利时超现实主义写作历史的人），在描述马格利特1943年的作品《收获》（*The Harvest*）的时候，说了下面的话：

于是，有一天，当马格利特随手翻阅一本关于印象派的书时，他被一个想法迷住了，他想要再现雷诺阿的一幅浴女画，她身体的每个部分都用一种不同的颜色来绘制。她的左臂被画成了绿色，右臂和头部是红色，从紫罗兰色的躯干上伸出的两条腿则分别是蓝色和黄色……马格利特不满足于让雷诺阿的浴女改变模样，而且还要窃取雷诺阿的再现风格。

他在这些复刻雷诺阿的画作中，不仅改变了用色范围，而且他自己的笔触也变得更加切实可感，画笔旋转着涂抹，少了他最为人所知的那种画风中平滑精致的特质。

这种新的再现风格肯定不是偶一为之的，鉴于马格利特采用它的时间之长（直到1947年春天），以其绘制的作品之多（约有70幅）。尽管他同时仍在继续用他"标志性的"那种平滑画风作画，但这些雷诺阿风格画作的配色仍在越来越接近他的印象主义作品。马格利特本人显然很看重这种风格，这从他选择在自己出版的第一本作品集中收入8幅印象主义画作（全书总共只有20幅）中就可见一斑。这部作品集在战争期间，于1943年年中由他的朋友马里恩出版。据马里恩说，为了支付这部作品集彩色印刷的费用，马格利特千方百计地筹钱，甚至不惜去制作和销售伪造的画。尽管他言不由衷地称自己要在苦难面前采纳一种更加迷人、更能愉悦观者的绘画风格，但马格利特在德军占领期间所创作的作品却远非如此。它们构成了一份大胆的声明：这显然是种政治抗议，他宣布自己与被占领的法国以及纳粹正在试图摧毁的法国现代艺术和文化站在一边。

阳光灿烂超现实主义

马格利特朝印象主义的转向，最终让他在战后提出了"阳光灿烂超现实主义"这个概念。在1946年6月25日写给布勒东的信中，马格利特宣告了一个新时代——太阳时代——的来临。

我"太阳时代"的画作显然与我们在1940年之前相信的许多东西相矛盾……超现实主义想要通过制造迷惑和惊慌，借以将一切事物问题化，使其成为被质疑的对象，然而在制造迷惑和惊慌这件事情上，纳粹白痴比我们做得好多了，而我们无法避免要承受他们行为的后果……我想与普遍的悲观主义对着干，想去寻找欢乐和愉悦。我觉得，让自己快乐和愉悦的能力就在我们之中，在我们这些对如何发明情感略知一二的人之中。欢乐和愉悦是那么普通，同时又那么难以触及，但终归是所有人都能够获致的。

布勒东对此不赞成到了极点。他在为1947年某次展览的目录写作的文本《帷幕之前》中，反驳了艺术家应该只把那些"魅力、欢愉、阳光、被欲求的事物"纳入自己的作品，而排斥一切与"悲伤、厌倦、令人感到威胁的事物"相关的东西这个观点。他将这一立场比作小孩子为了确保得到阳光灿烂的好天气，硬要把气压计的指针生拉硬拽到"晴好"那格。马格利特将这篇声明视作超现实主义圈子对他的驱逐。

布勒东和梅森斯两人都很反感马格利特的印象主义作品，而持有他们这个观点的人绝非少数。那些印象主义画作卖得很差。美国艺术经销商亚历山大·艾欧拉斯（Alexander Iolas）在战后成了马格利特在纽约的代理人，他在1948年写给马格利特的一封信中提到：

人们喜爱你1940年之前的作品，无一例外地是因为他们觉得那些画作富有诗意，比我退还给你的这五幅［印象主义画作］更高级。他们非常想买那些旧画……我也不是在要求你复制以前的作品，只是请不要抛弃你之前作品那种神秘、富有诗意的质地，那些画的整体技法都更"马格利特式"，而所有人都觉得"雷诺阿式"的技法和用色过时了。

马格利特发现自己变成了一个提线木偶，被艺术品市场和超现实主义群体两者共同操控着。就连若尔热特都更喜欢他之前那种"标志性"的画风。

饥荒
勒内·马格利特，1948
布面油画
46厘米×55厘米
私人收藏

整个巴黎

战后时期，让马格利特格外在意的一块心病就是，虽然他在比利时、美国和英国都已是个颇有名气的艺术家了，但他始终没能被巴黎艺术界完全接纳，也从未在巴黎开设过个人展。1948年5月，他终于得到了机会，在巴黎的某间相对不重要的小画廊"福贝格"（Galerie du Faubourg）开一次短暂的个展。他对这样一个无足轻重的展览都要努力追求，这揭示出他有多么看重巴黎的认可，以及之前数年里他被布勒东和其他法国先锋派一次次地拒于门外，想必让他感到无比失望和羞耻。

因此，下面这件事就显得更有意思了。他为巴黎个展准备的画作，并不是用他的"标志性"画风创作的那些——他知道人们肯定会喜欢那个风格。相反，他关起门来，花了五个星期的时间为这次展览特别创作了一组作品，用的是一种他称之为"母牛"的全新画风。这些画作的用色鲜明而狂野，很像20世纪初的"野兽派"画风，其标志是使用粗犷的笔触和鲜艳耀眼、富有动感的颜色。马格利特的《饥荒》（*The Famine*, 1948）最能体现他对这种风格的运用，其中也显示出一位世纪之交的比利时艺术家詹姆斯·恩索尔（James Ensor）的影响，此人的作品在表现主义和超现实主义的发展中占有重要地位。

这次展览得到的反响不佳，而且一幅画都没卖出去。马格利特在给斯库泰奈尔和艾琳·哈默瓦的信中写道：

> 有不少人来看展——看见什么都想笑的年轻姑娘，她们总是在辛苦克制自己，因为在画廊里发笑不合适。还有就是那些观众，口中说着老生常谈的扯淡话，什么"没有之前那么深刻了"，什么"比利时的机锋"，"你一眼就看得出这不是巴黎范儿"……

人们不禁怀疑，在某种意义上，这给马格利特带来了满足感——就在自己"开办一次巴黎个展"的夙愿得到满足的时刻，用自己的画笔亲手毁掉这场展览。这次展览来得太晚了，画廊也太小了，而且此时马格利特已经有了艺术经销商艾欧拉斯做代理人，一个远更广阔也更富有的美国艺术市场已经向他敞开，他不再需要仰赖巴黎的认可了。这次展览可以被理解为马格利特对巴黎艺术界开的一个大玩笑。在展览闭幕之后，马格利特不出所料地回归了他之前的"标志性"风格。他在1948年6月写给斯库泰奈尔的信中解释道："我以后会继续展出以前那种画风的作品，最主要的原因是想让若尔热特开心。"然后他又补上了一句，"我确信我会找到一种方法，时不时地偷着塞几个精彩的大笑话进去。"

诗

马格利特在回归他的"标志性"风格之后,重新点燃的一个新兴趣,就是他与文学之间的对话。1937年在伦敦的一次关于他的"词语与形象"理论的演讲中,他还展示了一个图画如何能够替代词语的例子,将安德烈·布勒东的某个文本中的一个词换成了一幅图画。马格利特从布勒东1923年的诗作《白鹭》(*L'Aigrette*)中选择了一行——"要是太阳可以在今夜闪耀",然后将里面的"太阳"这个词换成了一个画出来的太阳图像,以说明他的观点。

十多年后的1949年,马格利特进一步发展了他的这个艺术与文学对话的观念,在这个例子里,他选择了保罗·努杰的一首诗《光的帝国》(*The Empire of Light*)。他一共画了17幅关于同一个郊区场景的画,在这些画中,被日光照亮的白昼天空与画面下半部分笼罩在夜色里的街景并置在一起,一盏路灯不协调地为画面下部照明。在1956年的一场电视采访中,他将画中的场景描述为:"夜间的地景和只有在白昼才能看见的天空。这种对夜与日的同时召唤,似乎具有让我们感到惊讶和愉悦的力量。我将这种力量叫作诗。"

就像他的"词语与形象"画作,以及他作品中的许多其他元素一样,《光的帝国》也密切关注视觉(绘画)和言语(诗歌)。对于马格利特来说,绘画的功能之一肯定是将诗变得"可见"。除了《光的帝国》,他还创作了另外一些将概念和形象视觉化的画作,其原始资料包括《一千零一夜》(*One Thousand and One Nights*)、爱伦坡的作品,以及阿道司·赫胥黎(Aldous Huxley)1932年的小说《美丽新世界》(*Brave New World*)。他还时常借用文学作品的题目命名自己的画作,由此(含蓄地)阐明自己画中的意涵。他使用过的题目有歌德的《亲和力》(见本书第50页)、皮埃尔·肖代洛·德拉克洛(Pierre Choderlos de Laclos)的《危险关系》(*Dangerous Liaisons*)、夏尔·波德莱尔(Charles Baudelaire)的《恶之花》(*The Flowers of Evil*)和布勒东的《连接器》(*Communicating Vessels*)。

光的帝国，II

勒内·马格利特，1950

布面油画

78.8厘米×99.1厘米

现代艺术博物馆，纽约

D.德·梅尼尔和J.德·梅尼尔赠送（16.1951）

远离马格利特

马格利特日渐增长的财富和名声（一个显著的证据是：他现在接到了许多让他名利双收的委托，比如比利时政府在1958年委托他为布鲁塞尔的新国会大厦绘制壁画），让他之前的很多布鲁塞尔超现实主义圈子的朋友逐渐与他疏远了。人们特别注意到他购置了一台三角钢琴，保罗·努杰（或许带着酸溜溜的语气）对此评论道："拥有一台大钢琴当然好得很啦，但你也得知道怎么使用它才行。"梅森斯注意到，现在每周六晚上在马格利特家中举办的聚会，正在越来越变成马格利特享受一大群年轻崇拜者充满敬畏的奉承的场合，那些崇拜者坐在他身边，细心聆听他口中说出的每一个字，而据梅森斯的说法，马格利特本人则表现得像个"大师"。1962年，他的年轻朋友马塞尔·马里恩制作了一幅恶搞的，用来讽刺马格利特为若尔热特购置毛皮大衣、珠宝和豪车的广告招贴画，在朋友之间传播。招贴画的标题是"大甩卖"，画中的马格利特说道："我的画作现在变得像是一种商品了……人们购买我的画，就像他们购买地产、皮大衣和珠宝一样。"

他的老朋友们最主要的不满，是马格利特现在似乎在"接单定制"，应市场的需求大量复刻自己那些最有名的作品。而他们记得他之前一直说，如果自己哪天有了钱，就只会在自己真的有很想画的东西时才去作画。他们宣称，马格利特向来把绘画活动揶揄为仅仅是一种"体力劳动"。比方说，他在1956年到1957年间，为芝加哥律师巴内特·霍德思（Barnet Hodes）画了53幅画，它们全都是他之前画作的缩小版复制品，或几乎是照搬之前画作中的形象。每幅画的尺寸都是23厘米×17厘米。这是他在1936年那第一场勒维的展览上所做的事情的进化版本。霍德思想要用这些画作来填满一整面"马格利特墙"，他在写给马格利特的信上说道，自己想要得到的是"你那些绝妙画作的一个代表性的集锦，在我格外钟爱的小画幅上绘制而成"。

但是，尽管失去了梅森斯、马里恩和努杰的友谊，马格利特夫妇仍然和他们的许多老朋友保持着亲密的关系，其中包括勒孔特、哈默瓦、斯库泰奈尔和格曼。他们还开始与新一代的诗人，如安德烈·波斯曼（André Bosmans）和雅克·维尔吉福斯（Jacques Wergifosse）建立了友谊。

两个神秘
勒内·马格利特,1966
布面油画
65厘米×80厘米
私人收藏

烟斗之梦

马格利特复制,或制作同一件艺术作品的多个版本,有时会被视作纯粹无脑的炒冷饭行为,也有人觉得他这样毫不掩饰地自我抄袭,是对艺术品市场的一种批判和嘲弄。不过,在许多情况下,他在同一幅画的不同版本之间刻意做出些微小却意味深长的改变的做法,可以与哲学家在脑海中反复推敲同一个问题或概念相比拟。

1966年,马格利特读到了法国哲学家米歇尔·福柯(Michel Foucault)的《词与物》[在英语世界出版的时候,用的标题是《事物的次序》(*The Order of Things*)]。他借用了这个标题来命名他1954年在纽约的西德尼·雅尼画廊(Sidney Janis Gallery)举办的展览。福柯与马格利特一样,对词语和物件之间的关系着迷。1968年(马格利特去世一年之后),福柯发表了他的论文《这不是一只烟斗》的一个较早版本。论文的标题取自马格利特1929年创作的著名画作,画中一只烟斗悬在半空中,烟斗的下面写着一行字"这不是一只烟斗"。在1966年7月6日的一次访谈中,马格利特宣称:"人们因为这个责备过我,很多人!但是……你能给我这个烟斗装填烟丝吗?不能,难道不是吗?它只是对烟斗的再现。如果我在我的图像底下写的是'这是一只烟斗',那我就是在说谎!"通过烟斗,马格利特将他对再现和现实之关系的检视提升到了一个新的层次,那只烟斗的原型,再一次地,仍然是来自《拉鲁斯百科全书》中的"烟斗"条目——根本不存在一只实体烟斗作为画作的原型,只有对"烟斗"这个一般类别的再现。

福柯在描述马格利特1966年关于烟斗之谜的画作《两个神秘》(*The Two Mysteries*)的时候,进一步探究了这个观念。

有两只烟斗。是不是更应该说,这是关于同一只烟斗的两张画?还是一只烟斗和它的画,或者是各自再现一只烟斗的两张画,或者是两张画中一张再现一只烟斗而另一只不再现烟斗的画,或者是两张既不是烟斗也不再现烟斗的画,或者是一张再现的不是一只烟斗而是画有一只烟斗的另一张画?这张烟斗画得无可挑剔,以至于我不得不发问:和画板上那句话有关系的是什么?

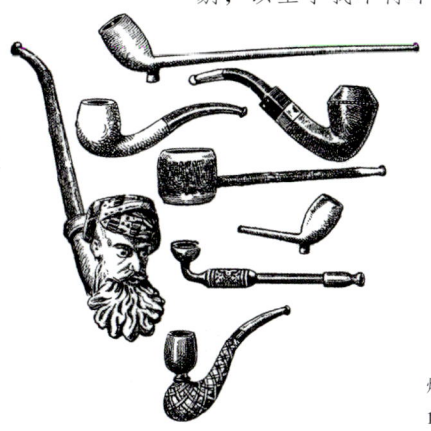

烟斗,《拉鲁斯百科全书》中的插图,1928—1933。

"乌鸦说"

1965年,马格利特第一次也是唯一一次到访美国,是前往纽约现代艺术博物馆,参加他自己作品大型回顾展的开幕式。开幕式结束后,他又去了他作品的狂热收藏者让·德·梅尼尔和多米尼克·德·梅尼尔(Jean and Dominique de Menil)位于休斯敦的家中。马格利特和若尔热特带上了他们的博美犬露露(他们先后养过好几只叫露露的狗),航空公司特许他们将狗带上飞机,作为交换,马格利特同意了他们在广告宣传中使用自己的作品。在休斯敦,马格利特出席了一场牛仔竞技会,在会上他摘下了自己的"注册商标"圆顶硬礼帽,换上了一顶牛仔帽。但对他来说,美国之行中最精彩的部分,是参观纽约布朗克斯区的埃德加·爱伦·坡纪念馆(the Edgar Allan Poe house)。在他12月17日写给斯库泰奈尔的信中,马格利特说道:"坡的房子全美国第一。我们进去时,迎接我们的是一只乌鸦,立在窄壁橱上。他当年的书房,他令人钦佩的朴素家具(和一只烧煤的老式厨房炉子,就跟皮卡迪那里用的一样)还在原处。"

马格利特很仰慕坡,在自己的作品中经常以坡的著作为参照点。其中一幅就是《奥恩海姆领地》(*The Domain of Arnheim*),马格利特在1938年到1962年间曾经创作过这幅画的多个版本。作品的标题来自1847年的一篇短篇故事。坡的故事叙述的是一个极为富有的业余玩票者,想要打造一处完美的产业——奥恩海姆领地。他想要的这种地产以前只能出现在风景画里,自然界中从没有过打理得如此精致、如此有条理的东西。在他对这个主题的先后几次视觉化尝试中,马格利特总是将一窝裸露而脆弱易碎的蛋置于露台的石栏上,背后是一大片山景,山顶的形状让人联想到鹰的头部,其下似乎还有展开的双翼。

奥恩海姆领地

勒内·马格利特,1962

大卫的雷加米埃夫人像

勒内·马格利特,1967

青铜
197厘米×196厘米×50厘米
国立现代艺术美术馆,
蓬皮杜中心,巴黎

重访旧主题

1967年年初的三个月里,马格利特构想了一个不同寻常的计划,他想要以自己的一些画作为原型,制作八座青铜雕塑,这些画作包括几幅对雅克-路易·大卫(Jacques-Louis David)1800年的作品《雷加米埃夫人像》(*Madame Récamier*)的重新加工。在马格利特1951年所绘制的版本里,一口棺材取代了巴黎社交名媛朱丽叶·雷加米埃(Juliette Récamier)的全身像。在大卫的时代,这位夫人在社交上的成功,堪称法国后大革命时代的精英如何建立社会支配地位的典范和缩影。于是马格利特重新定义了这位夫人,将她放到了尼德兰16世纪"虚空画"(vanitas)的传统里,这个传统迷恋在艺术作品中描绘死亡的象征。他创作的这幅画的不同版本,以及最后那座青铜像,都属于重制的行为(exercises)。可以想见的是,所有这些版本都是基于一张大卫原画的明信片复制品。在绘制《雷加米埃夫人》之前,马格利特就已经在1949年到1950年的另外两幅画作中实验过"虚空"之喻(conceit)了。这两幅画是对爱德华·马奈(Edouard Manet)的《阳台》(*The Balcony*)的再加工,马奈笔下那四个阳台上的人物也被棺木替代了。马格利特对重复的热爱,也表现为那几幅《雷加米埃夫人像》画作同时呼应了达达主义,因为与达达主义艺术家们所做的一样,他的这些作品也构成了对艺术传统,包括使用人物形象作为主题这种习惯的图像学埋葬。就像马格利特自己曾说过的那样:"我痛恨传统。"

这八座青铜雕像于之后的1967年铸成。1969年,马格利特作品的美国经销商亚历山大·艾欧拉斯在提到《大卫的雷加米埃夫人像》时说:"[马格利特]让人们去为他找一张日间卧床、一盏灯和一张脚凳,要跟大卫画作中的那些一样,然后他在木工那里订做了一口棺材,自己设计了棺材的全部细节,青铜像的模子就是分毫不差地照着这些东西做出来的。"

最后的这组青铜像不仅仅是关于旧传统之死亡的拼贴戏仿(pastiches),它们同时也预示着他自己的死亡,以及他自己的艺术在他死后也变成这些死去传统的一部分:1967年7月,马格利特被诊断出患有胰腺癌,8月15日死在家中。如果说自我指涉性和循环性是马格利特作品中的关键元素的话,在这里它们指向的,是那个在其中艺术家本人已不再活着的未来。

永远的野蛮人

1965年6月，纽约艺术评论家克里斯托弗·芬奇（Christopher Finch）在马格利特位于米摩萨街97号的家中拜访了他，马格利特夫妇1954年刚刚搬进这里：

马格利特先生用他那种刻意做作的文雅态度欢迎访客，讲话带着很重的比利时口音。他领我们穿过门厅，进到一间摆满了复制品家具的起居室里。一架三角钢琴占据了地面的很大空间，一盏精美的枝形吊灯悬挂在装满大束鲜花的花瓶顶上。大理石桌面上摆着一面边缘镀金的镜子，镜子前有只做成马车形状的座钟，旁边围绕着瓷器小狗……一只黑色的博美犬在他脚边绕来绕去，马格利特夫妇多年来一直养着只博美犬，一只死了，他们就找另一只长得很像的代替。狗的名字永远是露露［这是《拉鲁斯百科全书》中提到这种狗时所给出的名字］，于是一只狗换成另一只狗，就显得不过是这种动物本身之新陈代谢的一种延续。

马格利特通过重复和复制来组织自己的家庭生活，看起来似乎没有原型。而他本人并不能被视作一个有条理、易理解的整体。作为艺术家，他坚信复制超越现实的地位，但同时也在某种程度上落入复制的"陷阱"：他为艺术家在独特性和创造性上的无能为力而悲哀，他们深陷一场已经输掉的、对抗传统的战斗。

马格利特的作品适于成为哲学、艺术史、传记甚至是精神分析阐释的对象（尽管他本人明确反对最后这种）。然而，关于这些作品，最终永远无法得到任何确定的分析。马格利特的绘画和雕塑，似乎再现了那位难以捉摸的犯罪大师方托马斯本人的活动：就在人们看似马上就要（以阐释的形式）抓住它们的时候，它们却逃脱了任何想要将自己捆绑在它们身上的"确定的意义"。马格利特恰当地将它们描述为"诗的意象，能够增殖出无穷无尽的意义来"：

我将绘画理解成这样一种艺术：以一种特别的方式将各种颜色放到彼此的旁边，使得它们本身消失，而一种诗的意象就从中浮现出来。这个意象是对某个念头的完整描述，这念头用一种全非漠然的秩序将熟悉的、可见之物的形象联合在一起……这种具有实效的秩序虽然是被想象出来的，但它绝非不真实。诗的意象的真实就是宇宙的真实。

勒内·马格利特与他的画

野蛮人，1938

致谢

我很高兴能与伊克尔·斯珀齐奥、唐纳德·丁威迪、凯瑟琳·英格拉姆,以及劳伦斯·金的团队合作。是他们无价的宝贵建议和点子让这本书的形式和内容得以成为它现在的样子,我对此深表感激。我同样感谢约翰·希尔斯审读了我的书稿、拉斐尔·科斯坦贝−卡普钦斯基关于"诺里娜蓝调"这个译法提出的建议。最后,我特别想感谢马格利特遗产管理协会准许我出版这本书。

文字作者

帕特里夏·阿尔默(Patricia Allmer)是爱丁堡大学的校长研究员(Chancellor's Fellow)。她公开宣讲和发表了许多关于超现实主义的研究。她的其他作品有《勒内·马格利特:绘画之外》(2009),她还是获奖展览《无政府主义的天使:女性和超现实主义》(曼彻斯特美术馆,2009)的策展人。

插图作者

伊克尔·斯珀齐奥(Iker Spozio)是位插画师、雕版画艺术家和画家,在西班牙生活和工作。他的作品散见于包括法国《世界报》、西班牙《国家报》在内的各大媒体。他还是限量版插画刊物《晨》的经理和出品人,该刊物专注于20世纪60—80年代的小众音乐。

中文译者

刘漪,自由译者,有两只猫。

图片版权

All illustrations by Iker Spozio

All works by René Magritte, including those featured in the illustrations © ADAGP, Paris and DACS, London 2016

4 Digital Image Museum Associates/LACMA/Art Resource NY/Scala, Florence; **7, 19** Photograph © Royal Museums of Fine Arts of Belgium, Brussels/photo: ACAB, Brussels; © Charly Herscovici, with his kind authorization c/o SABAM-ADAGP, 2015; **12, 21, 24, 28, 46, 51, 62, 66, 72, 75, 79** BI, ADAGP, Paris/Scala, Florence; **29, 69** Digital image, The Museum of Modern Art, New York/Scala, Florence; **36** Tate; **39** Alamy/Artepics; **42, 61** Scottish National Gallery of Modern Art, Edinburgh/Bridgeman Images; **44** © VG Blauel Gnamm – ARTOTHEK; **45** Photo © RMN-Grand Palais (musée du Louvre)/Jean-Gilles Berizzi; **52** Courtesy National Gallery of Art, Washington D.C.; **58** Image © The Metropolitan Museum of Art/Art Resource/Scala, Florence; **76** Photo © Centre Pompidou, MNAM-CCI, Dist. RMN-Grand Palais/Georges Meguerditchian